M000119259

UN MINUTO con DIOS

para mujeres

UN MINUTO con DIOS
para mujeres

REBECA KNOWLES

TYNDALE HOUSE PUBLISHERS, INC.
CAROL STREAM, ILLINOIS, EE. UU.

Visite Tyndale en Internet: www.tyndaleespanol.com y www.BibliaNTV.com.

TYNDALE y el logotipo de la pluma son marcas registradas de Tyndale House Publishers, Inc. *TYNDALE* and Tyndale's quill logo are registered trademarks of Tyndale House Publishers, Inc.

Un minuto con Dios para mujeres

Diseño: Julie Chen

Edición: Mafalda E. Novella

Library of Congress Cataloging-in-Publication Data

Knowles, Rebeca.
    Un minuto con Dios para mujeres / Rebeca Knowles.
        p. cm.
    ISBN 978-1-4143-5851-2 (hc)
    1. Christian women—Prayers and devotions. I. Title.
    BV4844.K66 2011
    242'.643—dc23   2011032947

Impreso en Estados Unidos de América
Printed in the United States of America

17   16   15   14   13   12   11
 7   6   5   4   3   2   1

A mi madre, Carmen Edith:
una mujer ejemplar en todo.

Agradezco a Dios por darme la oportunidad de
servirlo con un programa de radio y televisión
que me mantiene escribiendo para él.

CONTENIDO

INTRODUCCIÓN

Adonde decidamos colocar la mirada encontraremos letreros que le señalan a la mujer un camino.

Este libro invita a las mujeres a tomar el camino de la vida, a desafiar los principios establecidos por nuestro mundo, al mismo tiempo que la invita a reemplazar los patrones establecidos en nuestra cultura por los de la Palabra de Dios.

Este libro tiene la intención de ayudarte a ejercitar tus músculos espirituales con sólo unos minutos de lectura diaria. Este libro es un gran compañero para el tiempo de tu devocional a solas con Dios.

Imagínate: ¿qué efecto tendría si al levantarte hicieras un minuto de *jumping jacks* adicionales en tu rutina diaria de ejercicios físicos? De igual manera, las meditaciones de este libro están diseñadas para tener el mismo tipo de efecto en tu espíritu: te ayudarán a mantenerlo en comunicación con Dios durante todo el resto del día.

Asegúrate de estar "presente" siempre cuando estás dedicándole tiempo exclusivo a Dios. Este libro te recuerda que es una buena práctica el asignarle un tiempo diario a tus relaciones más valiosas, y ¿qué mejor manera de hacerlo que dándole prioridad a Dios y la oportunidad de hablarte a ti primero?

Este libro permite que te concentres en un tema de tu vida al día. No obstante, si sumamos el efecto compuesto de seguir paso a paso la lectura del libro como guía, al final hará una gran diferencia en tu vida y en tu hogar. El libro trata un tema a la vez, proponiendo los cambios para que la verdad de Dios en ese asunto sea clara y haciéndote una llamada de acción para que la Palabra de Dios sea práctica. La verdadera sabiduría, de acuerdo a Jesús, está en el oír y luego en poner en práctica lo que se nos ha enseñado.

En este bello libro encontrarás historias que comparto contigo para poner al descubierto:

mitos sobre nuestro papel de mujeres —incluyendo los del sexo;

altares que se levantan en nuestro corazón sin tener plena
consciencia de ello;

actitudes que nos roban la vida plena (si se confiesan es porque son
pecados);

mentiras comunes del enemigo que se disfraza de amigo, que
nos ofrecen la resignación en varios colores y formas, y que
finalmente matan nuestras relaciones: con nosotras mismas, con
el prójimo, con Dios y con el esposo.

Todas estas historias se cuentan con el fin de que logres vivir la vida plena que Jesús murió para darnos. Como siempre, utilizo el criterio bíblico en todas mis reflexiones. Este libro te muestra no sólo las promesas de Dios sino también los beneficios de vivir de acuerdo a la voluntad de Dios.

¡Elige hoy!

En este libro, te invito a vivir cada minuto de tu vida en sintonía con Dios, con su Espíritu, consciente de su presencia y alerta a su plan. Los consejos prácticos de este libro te guiarán para revisar tu vida, sacar la maleza del corazón y renacer a una vida plena y abundante.

Querida amiga, te invito a que disfrutes de estos minutos diarios al lado de tu Salvador.

Rebeca Knowles

El propósito del ladrón

es robar y matar y destruir;

mi propósito es darles una

vida plena y abundante.

—*Jesús (Juan 10:10)*

NUESTRA VIDA:
UN JARDÍN

La hermosura de la vida no está sólo en los comienzos. La vida se va creando con el tiempo por las decisiones que tomamos. Cada decisión sabia es una semilla que germinará en un bello jardín.

Benditos son los que confían en el SEÑOR y han hecho que el SEÑOR sea su esperanza y confianza. Son como árboles plantados junto a la ribera de un río con raíces que se hunden en las aguas. A esos árboles no les afecta el calor ni temen los largos meses de sequía. Sus hojas están siempre verdes y nunca dejan de producir fruto.

Jeremías 17:7-8

LA GENTILEZA

*Los que siembran
con lágrimas
cosecharán con
gritos de alegría.*

SALMOS 126:5

Nuestra vida es como un jardín. Todas sabemos que de las semillas que se plantan en cualquier jardín, se obtienen cosechas. Para asegurarnos de que un día tendremos un jardín hermoso, primero tenemos que planear bien lo que plantaremos en él. Cuando estamos de novias, seguimos muy bien esta ley natural. Es por eso que si tu novio quería que tú te interesaras mucho más en él, él sembraba gentileza y palabras amorosas, y si tú querías que tu novio se enamorara mucho más de ti, tú sembrabas sonrisas y palabras de halago por las cosas que él hacía.

Muchas de nosotras nos sentimos frustradas con lo que vemos aflorar en nuestras relaciones, ya sea en el trabajo con nuestros jefes o en el hogar con nuestros hijos. Existen esposas frustradas y desesperadas que se dicen a sí mismas: *Ya no hay nada para mí en esta relación.* Si te encuentras en esta encrucijada, entonces quiero que consideres que tal vez estás haciendo la afirmación equivocada. Lo que debemos preguntarnos es: *¿Qué estoy aportando en mi relación con mi esposo?*

En términos de jardinería, es como si dijéramos: "No me gusta este jardín; no da nada bueno," cuando lo correcto sería decidir qué es lo que queremos ver en nuestro jardín y comenzar a sembrar las semillas que nos proporcionarán el huerto deseado.

"Piensen en los agricultores, que con paciencia esperan las lluvias en el otoño y la primavera. Con ansias esperan a que maduren los preciosos cultivos.

Ustedes también deben ser pacientes. Anímense, porque la venida del Señor está cerca" (Santiago 5:7-8).

Haz un inventario de las semillas que estás sembrando en tu hogar; decide qué vale la pena seguir alimentando y qué cosas debes arrancar para siempre de tu huerta. Debemos recordar que el jardín se cuida todos los días. Muchas veces sembramos con mucho sacrificio y lágrimas porque la tierra es dura y difícil, y las circunstancias parecen una batalla peleada en desventaja. No obstante, es en esos momentos cuando debemos recordar que nuestra obediencia a los mandamientos y a la voluntad de Dios está considerada en el mundo espiritual como la semilla que sembramos.

Los sufrimientos de los santos no son en vano, ni sus lágrimas al compartir las calamidades a las que están expuestos, como todos los seres humanos, pero siembran su tarea en obediencia a Dios y tendrán su recompensa. Cuando el llanto no detiene la siembra de la Palabra de Dios, la obediencia a su llamado, el compromiso a nuestros pactos matrimoniales, las buenas acciones, el tiempo con Dios y las ofrendas, Dios lo recompensará. Salmos 126:5 nos dice: "Los que siembran con lágrimas cosecharán con gritos de alegría."

Recuerda que tu hogar es tu más preciado jardín.

Oremos juntas: *Señor, yo decido sembrar hoy gentileza en mi jardín, porque sé que la gentileza es como un aceite sanador para aliviar todas las circunstancias negativas de mi vida. Ayúdame a ser una persona que emane respeto y consideración siempre.*

LA BONDAD

Tu bondad te recompensará, pero tu crueldad te destruirá.

PROVERBIOS 11:17

¿Qué semillas necesitas sembrar hoy en tu hogar? Recuerdo cuando Dios me pidió que comenzara a sembrar bondad en mi hogar. Al comienzo pensé que Dios se refería a que debía *hacer* actos bondadosos y de servicio para con mis hijos y mi cónyuge, pero luego me di cuenta de que había mucho más que eso en lo que Dios me estaba pidiendo.

Lo que Dios realmente me pidió fue que dejara de sembrar palabras duras sobre mis hijos y mi esposo. ¡Así es! ¡Dios pidió bondad en mis labios . . . y creo que Dios pide lo mismo de ti hoy!

Ahora entiendo que esto de sembrar bondad en el hogar es algo que debo hacer todos los días. Hoy estoy consciente de que mis palabras son semillas y que antes de hablar debo preguntarme qué clase de fruto voy a obtener de ellas. Sin embargo, no siempre ha sido así; por mucho tiempo sucumbí a la tentación de escalar los comentarios de mi esposo y de convertir un vaso de agua en un mar tempestuoso.

Le pido a Dios que me dé sabiduría para responder siempre asertivamente, pero con una actitud de bondad y de compasión en los labios. ¡Esta oración es para ti también!

Sembrar bondad en nuestro hogar es un trabajo de todos los días. Siembra bondad al hablar y verás cómo las personas a tu alrededor también comenzarán a hablarte de manera diferente. Por lo menos, no les darás excusas para contestarte mal porque tú les estás hablando mal. Al tomar la decisión de hablar con palabras bondadosas y de no sucumbir a la tentación común de gritar o de responder con dureza, permites que los otros puedan observarse a sí mismos y, tal vez, les va a ser difícil encontrar de qué culparte. Así me sucedió recientemente.

Recuerdo una ocasión en la que mi esposo estaba un poco malhumorado y trajo a colación una situación que a él le parecía "inconveniente." La verdad es que me pidió algo injusto y me sentí mal interiormente, pero decidí decirle lo que pensaba con respeto y con palabras suaves, pero firmes. No levanté la voz y dejé que se retirara por un tiempo después de la conversación. Dos horas más tarde no sólo se dio cuenta de que me había pedido algo injusto, sino que además me alabó por la manera en que actué, pues mi respuesta bondadosa le había permitido darse cuenta de su actitud.

Hablar con bondad no significa tratar de evadir una conversación difícil. Es tener el valor de enfrentar la situación de la manera correcta, esto es, con mutuo respeto, con paciencia para esperar resolver el problema y manteniendo una actitud de oración mientras hablamos. Así que cuando tratamos temas en los que no usamos un lenguaje fácil porque solicitamos un cambio, podemos endulzar las palabras con miel. No con azúcar, porque el azúcar te hace vibrar por un par de horas y después te deja deprimida. He aprendido que los mensajes difíciles pero necesarios se endulzan con miel. La Biblia dice en Proverbios 16:24: "Las palabras amables son como la miel: dulces al alma y saludables para el cuerpo." Por eso no voy a gritar. El consejo del sabio Salomón es que seamos amables. Yo le he pedido a Dios que cuando requiera algo de mi esposo o de mis hijos, mi solicitud no suene a regaño sino que pueda usar palabras amables con sabiduría.

Oremos juntas: *Señor, gracias por ser tan bueno conmigo en todo tiempo. Permíteme extender esta bondad a todos en mi familia. Yo decido, con tu ayuda, usar palabras amables y ser una fuente de bondad para todas las personas con las que me relacione cada día.*

LA ALEGRÍA

Hay alegría para los que tratan con justicia a los demás y siempre hacen lo que es correcto.

SALMOS 106:3

En el hogar debemos sembrar amor en fe, esperando recibir todos los años una cosecha abundante de la bendición de Dios que representa el estar al lado de nuestros seres queridos. El amor de Dios en nosotras debe ser evidente en nuestras relaciones más preciosas, esto es, con nuestros hijos, nuestros esposos y nuestros padres.

Hoy te pregunto: ¿Cuántas veces te han visto tus hijos sonreír? Yo sé que a muchas les parece una pregunta sin sentido, pero a algunas otras, más parecidas a mí, les pido que se pregunten: *¿Será que mi familia me ha visto sonreír últimamente?*

Una sonrisa no cuesta nada, pero es un regalo sencillo que habla de nuestra buena voluntad hacia la persona a quien se la regalamos. La sonrisa también es un gesto de aprobación en un mundo saturado de rechazo; es una señal de inclusión en un mundo donde se nos excluye por las diferencias que elegimos subrayar. Lo digo porque, cuando visito algunas casas, observo que la madre se dirige a sus hijos y a su esposo con palabras ásperas y con rostro serio.

A pesar de que estoy muy de acuerdo en que a los hijos hay que corregirlos con firmeza y junto con el cónyuge —pues siempre hay momentos en los que tenemos que hablar de cosas serias, que además pueden ser conflictivas—, creo que todos nos llevaríamos mejor si nos regaláramos una sonrisa el resto del tiempo. Sí, hay momentos para traer a colación los problemas y las correcciones, pero la vida no puede ser sólo regaños y confrontaciones. El mundo no regala sonrisas gratis. Sin embargo, te animo a que tú seas diferente. Siembra sonrisas en tu hogar y verás que tu familia también te sonreirá. ¿Cómo se puede sembrar sonrisas en el hogar? Comenzando a sonreír. Sonríe a los que ves pasar; recuerda que la sonrisa es una señal de aceptación y esto es algo que todo corazón necesita.

Otra manera de sembrar sonrisas es haciendo cosas para tus seres amados que los hagan sonreír. ¿Qué tal si les escribes una nota de afecto, o les preparas su postre favorito sin avisarles con anticipación? Ponte a pensar, ¿qué te traería una sonrisa al rostro? Esto de pensar en los demás es importante en el hogar. Sólo que hacer cosas por los demás no nos parece tan divertido como cuando hacemos cosas para agradarnos a nosotras mismas o cuando los demás hacen cosas para agradarnos a nosotras.

La manera de conjugar el verbo *amar* es la siguiente: Yo te amo, tú me amas, él me ama, nosotros nos amamos. Es con el "nosotros" con el que tenemos problemas porque creemos que en el hogar el "nosotros" existe también para amarme "a mí," al "yo." Estampar una sonrisa en el rostro de tu cónyuge y en los de tus hijos es una tarea que producirá cosechas inmediatas en tu corazón. ¿Qué corazón no se llena de gozo al ver que le sonríen de vuelta? Siembra sonrisas en tu hogar y verás cómo tu familia te sonreirá también. ¡Te invito a sonreír hoy!

Oremos juntas: *Padre Celestial, yo entiendo por tu Palabra (Salmos 106:3) que mi alegría depende mucho de la manera en que yo trato a los demás. Ayúdame a tratar con justicia a todos y a hacer lo correcto siempre.*

COMPARTIR TIEMPO

Siembra tiempo en la vida de tus hijos. Habla con ellos de cosas importantes al igual que de lo cotidiano y no dejes pasar los años sin dedicarles tiempo, compartiendo realmente con ellos.

Mi consejo es que dejes de perder el tiempo y que lo inviertas en tus hijos y en tu cónyuge. El hogar es como un jardín en el que lo que sembremos, eso cosecharemos. El asunto con los jardines y las huertas es que se debe sembrar lo bueno, pero luego hay que mantenerlo y cuidarlo. No es cuestión de una buena dádiva de vez en cuando. Tienes que convertirte en una jardinera a tiempo completo, sabiendo que si descuidas cualquier aspecto de tu huerta vas a ver las consecuencias. Muchos padres trabajan arduamente para dejarle una cosecha monetaria a sus hijos al morir. Eso está bien, pero no debemos olvidar que también debemos ser generosas con todos nuestros otros recursos; uno de los más preciados es el tiempo, porque se nos va sin pedir permiso. Valora a tus hijos y a tu cónyuge invirtiendo en ellos tu valioso tiempo.

¿Alguna vez te has detenido a pensar cuál es el recurso más importante que tiene todo ser humano? Es el tiempo. Sin embargo, desperdiciamos el tiempo sin preguntarnos qué conseguimos de las actividades a las que les dedicamos la mayor parte de nuestra vida. El reloj no se detiene a esperar que prioricemos arbitrariamente nuestras actividades, sino que sigue marcando su ritmo, circulando de un día hacia el otro, y lo que tú decidas hacer con el tiempo que tienes

Es inútil que te esfuerces tanto, desde la mañana temprano hasta tarde en la noche, y te preocupes por conseguir alimento; porque Dios da descanso a sus amados. Los hijos son un regalo del SEÑOR; son una recompensa de su parte.

SALMOS 127:2-3

muestra lo que tú realmente valoras. Una vez escuché a alguien decir: "No digas que no tienes tiempo. Tú tienes el mismo número de horas por día que les fue dado a los grandes de la historia: a Miguel Ángel, a la Madre Teresa y a Albert Einstein." ¿Qué vas a hacer con tu tiempo?

Dios me ha dado sueños de mis hijos como adultos y como miembros preciosos de la sociedad y del reino de Dios. Hoy siembro en sus vidas lo que espero en fe germinará para el bien de ellos y del reino de Dios.

Hay una diferencia entre pasar tiempo con nuestros hijos e invertir tiempo en nuestros hijos. Permíteme darte ejemplos prácticos de cómo invierto tiempo en mis hijos. Yo espero que mis hijos sean personas al servicio de la comunidad. Por consiguiente, los involucro en mis propios esfuerzos de ayuda a la comunidad. Yo espero que ellos también vivan vidas de bendición, así que invierto tiempo todos los días orando con ellos sobre sus vidas y bendiciéndolos. Yo espero que mis hijos me hagan sentirme orgullosa de ser su madre; por lo tanto, siembro corrección en sus vidas, y les enseño palabras y principios de sabiduría.

¿Qué esperas cosechar en tu familia? ¿Qué semillas estás sembrando en el jardín de tu hogar? ¿Eres generosa con tu tiempo? ¿Eres bondadosa con tus palabras? ¿Les enseñas a tus hijos con amor y sabiduría? ¿Les sonríes o sólo los regañas? ¿Los animas con palabras de elogio o sólo los criticas?

¿Cómo te comportas con tu cónyuge? La siguiente pregunta es un buen termómetro para evaluar cómo estás alimentando el terreno de tu relación conyugal: ¿lo honras o sólo lo maltratas con tus palabras?

Te invito a darles el valor correspondiente a tus hijos y a tu cónyuge invirtiendo tu valioso tiempo en ellos.

Oremos juntas: *Amado Padre, gracias porque tú siempre tienes tiempo para nosotras cuando venimos a ti en oración. Yo entiendo, de acuerdo a tu Palabra, que mis hijos son un regalo y una recompensa de tu parte. Yo decido invertir tiempo en la vida de ellos, sembrando sobre todo tu Palabra en sus corazones.*

LA COLABORACIÓN

La hermana de mi esposo nos regaló algo muy especial en nuestro tercer aniversario de casados: unas clases de baile de salón. Cuando llegamos a la clase, yo pensé que los dos podíamos aprender algo nuevo, pero definitivamente yo le llevaba un poco de ventaja a mi esposo. Así que pensé: *Tendré que esperar a que él aprenda más antes de poder disfrutar bailando juntos.* Para mi sorpresa, la profesora me corrigió a mí: "Señora, usted tiene que dejar que él la lleve a usted."

El baile nos puede enseñar unas cuantas lecciones sobre la vida cotidiana en el hogar. Primero, bailar juntos no es bailar cada uno por su lado. Cada día me sorprende más cómo las parejas casadas viven bajo el mismo techo, pero cada uno vive su propia vida. Tienen cuentas de banco diferentes, sin que el otro cónyuge sepa qué acontece en ellas. Cada cónyuge trabaja y gasta su dinero como quiere.

La mujer que nos ayudó en la compra de nuestra primera casa se burló de nosotros y nos dijo: "¿Ustedes todavía toman vacaciones juntos? Claro, es porque a los tres años de casados uno todavía está recién casado, pero esperen a tener unos quince años de casados." Parece que ella iba de vacaciones con sus amigas a lugares donde se puede ir de compras y su esposo iba con sus amigos a cazar pájaros. Si ese matrimonio participara en una competencia de baile, perdería unos dos puntos por bailar cada uno por su lado.

Es mejor ser dos que uno, porque ambos pueden ayudarse mutuamente a lograr el éxito.

ECLESIASTÉS 4:9

Los dos somos un equipo y no dos individuos. Otro aspecto interesante es que al evaluar una competencia de baile, se juzga a la pareja y no al individuo. Después de todo, son un equipo. La Biblia dice: "El hombre deja a su padre y a su madre, y se une a su esposa, y los dos se convierten en uno solo" (Génesis 2:24). El mensaje es bien claro: ya no somos dos sino uno, y esto es algo espiritual. El capítulo 4 de Eclesiastés nos habla de las ventajas de tener compañía y en el versículo 9 el escritor afirma: "Es mejor ser dos que uno, porque ambos pueden ayudarse mutuamente a lograr el éxito."

Bailar es más hermoso si lo hacemos armoniosamente. Cuando bailamos juntos, lo más importante es la coordinación de los dos en los movimientos y para poder lograrlo, una tiene que seguir a su pareja. La atención no está en quién es el que está dirigiendo, sino en los bellos movimientos que logran juntos.

Aprendí a disfrutar siguiendo a mi esposo hacia donde él nos guía. Después de todo, yo quiero seguir danzando y no lo quiero hacer sola. Quiero danzar este vals de la vida con él.

Oremos juntas: *Señor, yo creo que tu Palabra es verdad, por lo tanto yo acepto la realidad de que mi esposo y yo podemos ayudarnos mutuamente al lograr el éxito. Si algún día me encuentro sola, sé que siempre puedo tomar tu mano y permitir que guíes mis pasos.*

EL SERVICIO

Hay veces en que Dios nos exhorta a hacer cosas que nos parecen extrañas. Cuando mi esposo y yo le pedimos a Dios el nombre de nuestro ministerio para ayudar a los que tienen problemas matrimoniales, él nos dio el nombre en inglés "Reaching Out," que en español se traduce algo así como "alcanzando a los de afuera."

Nosotros tratábamos de entender el nombre "alcanzando a los de afuera," y la visión es que Dios quiere ver familias saludables alrededor del mundo para que puedan cumplir sus propósitos, pero con gozo. Lo primero que hay que hacer para ser feliz en la vida, o en cualquier relación, es "someter al ego": doblegar el egoísmo y decidir apoyar a otros, comenzando con los que están más cerca: el esposo, el hijo, la mamá, el papá, el pobre, el necesitado, etc.

Pensemos en lo que significa "alcanzar a los de afuera." Jesús "alcanzó a los de afuera" cuando salió de su camino habitual y decidió entablar conversación con una mujer samaritana. Jesús "alcanzó a los de afuera" cuando tocó a los leprosos; Jesús "alcanzó a los de afuera" cuando nació en un pesebre. Jesús "alcanzó a los de afuera" cuando murió en una cruz, porque ese lugar no era para Aquel que es el Rey de Gloria. Nosotras lo seguimos a él. Dios nos llamó a "alcanzar a los de afuera," a salir de nuestra comodidad para alcanzar al mundo.

La adopción de mis hijos me mostró claramente que Dios es amor y entendí lo práctico de su man-

Dios, de su gran variedad de dones espirituales, les ha dado un don a cada uno de ustedes. Úsenlos bien para servirse los unos a los otros.

1 PEDRO 4:10

damiento principal, que también es amar. El eg[...]
circunstancia adversa o enfermedad que experi[...]
el poder de destruirme por completo y por con[...]
declaro que la adopción de mis hijos realment[...]
la guerra a mi egoísmo. Yo había vivido una vi[...]
en mi egoísmo, en relaciones que giraban alre[...]
y en mis expectativas. Esa es la manera en qu[...]
las personas —incluyendo las que se autoder[...]
hemos comenzado un movimiento llamado "Religión Pura." A[...]
mos el desafío a los cristianos: ¿Estás viviendo la "Religión Pura" que nos
enseña la Escritura, o lo tuyo es "pura religión"?

Déjame explicarte cómo sucedió esto: la adopción de mis hijos me dio
la revelación del amor de Dios hacia el huérfano, hacia el mundo y hacia
mí. Cuando fui a Rusia a adoptar a mis hijos, pude entender finalmente
lo mucho que Dios me ama a mí. Además, me di cuenta de que Dios nos
ama siempre. A pesar de cualquier cosa que nosotras creamos ser, a pesar
de que el mundo considere que no somos dignas de ser tratadas con dignidad, el amor de Dios dice lo contrario.

"¿Tú me amas?," nos pregunta el Señor. Si la respuesta es sí, entonces
él espera que respondamos a su amor con obediencia, dejando que su
amor fluya a través de nosotras. El egoísmo nos envenena el alma. A fin
de llenarnos del amor de Dios primero tenemos que vaciarnos de nosotras
mismas. En un corazón lleno de sí mismo no hay cabida para nadie más
ni para la verdadera felicidad. Dios está dispuesto a llenarnos de su amor
incondicional cuando decidimos rendirle el alma. Cuando nuestro vaso
esté lleno de su amor, todos a nuestro alrededor se beneficiarán de las
aguas que comenzarán a desbordarse a través de nuestras acciones.

Permitir que el amor de Dios controle nuestras vidas es vivir el amor
práctico de Dios, y esto es lo que literalmente me salvó de vivir una vida
en derrota. El amor comienza en casa. Y recuerda que el amor no es sólo
palabras sino acción. Yo me siento la mujer más feliz en mi vida cada vez

tro haciendo lo que él haría si estuviera hoy en la tierra. Yo
iendo lo que él me pide que yo haga en su nombre. Esto es a
vid se refiere cuando dice que él quiere vivir la Palabra de Dios
ecer la Palabra de Dios (Salmos 119:17).

l Salmo 26:3 dice: "Siempre estoy consciente de tu amor inagotable,
he vivido de acuerdo con tu verdad."

Renunciar a mi egoísmo me ha liberado para vivir una vida llena del
amor de Dios.

———————————————

Oremos juntas: *Señor, yo te pido que me ayudes a ser una sierva de la
misma manera en que tú lo fuiste. Con tu ayuda me despojo del egoísmo y
me comprometo a usar los dones que me has dado al servicio de mi prójimo.*

NUESTRA BÚSQUEDA: FLORECER EN DIOS

Cuando las circunstancias se levantan como un huracán, existe el peligro que tu vida se desarraigue por la tormenta. Por lo tanto, edifica tu habitación en el Amparo Divino al poner tu confianza en Dios.

Yo soy como un olivo que florece en la casa de Dios y siempre confiaré en su amor inagotable. Te alabaré para siempre, oh Dios, por lo que has hecho. Confiaré en tu buen nombre en presencia de tu pueblo fiel.

SALMOS 52:8-9

LA EXCELENCIA

He adquirido el buen hábito de leer un capítulo de Proverbios al día como parte de mi compromiso de vivir una vida que le da la bienvenida a la sabiduría. Hace poco, leyendo el capítulo del día en el libro de Proverbios, aprecié que Salomón proporcionaba varios consejos que, de seguirlos, nos ayudarían a convertirnos en personas excelentes. Por ejemplo, según Proverbios 22, la mujer de excelencia es aquella que "elige una buena reputación sobre las muchas riquezas" (Proverbios 22:1). Creo que para una mujer excelente, ser tenida en gran estima es su mejor plan de mercadeo, a diferencia de la actitud mediocre que existe a nuestro alrededor de hacer cualquier cosa sólo por dinero.

Esto de hacer las cosas sólo por dinero puede dañar nuestro estándar de excelencia tanto si lo practicamos en pequeña proporción como si lo hacemos a gran escala.

A lo que yo me refiero con el término "pequeña proporción" es, por ejemplo, cuando en tu trabajo haces lo mínimo para que te paguen, pero sólo lo suficiente para asegurarte de no perder el trabajo, en lugar de tener una actitud de excelencia que podría ganarte el aprecio de tu jefe.

El versículo final del capítulo 22 dice: "¿Has visto a alguien realmente hábil en su trabajo? Servirá a los reyes en lugar de trabajar para la gente común" (v. 29). Aquí parecería que se está hablando de las ventajas que tienen las personas talentosas.

Noé era un hombre justo, la única persona intachable que vivía en la tierra en ese tiempo, y anduvo en íntima comunión con Dios.

GÉNESIS 6:9

Sin embargo, la palabra que se usa es *habilidad*, y las habilidades se aprenden y se desarrollan. Así que la actitud de una persona de mantener un estándar de excelencia en su trabajo la hará hábil y por lo tanto conseguirá trabajar en mejores proyectos que requieren de habilidades bien desarrolladas.

Por otro lado, a gran escala, la mujer de excelencia no dice: "Si me pagan suficiente pueden comprar mi reputación." No se trata de rechazar el dinero sino más bien de considerar el origen y el motivo del dinero; porque probablemente el dinero llegará debido a su excelente trabajo, su prudencia en los negocios, en el trabajo y en su casa. Debido a su temor a Dios, ella verá el dinero como una recompensa a su labor, pero nunca elegirá el dinero sobre su reputación. Este hecho puede hacer que ella llegue a ganarse, además, la estima de las personas a su alrededor, o tal vez la envidia, o quizás se gane enemigos; pero de seguro, una mujer que decide guardar su reputación en lugar de dinero se gana la estima de Dios. Recuerda que "el rico y el pobre tienen esto en común: a ambos los hizo el Señor" (Proverbios 22:2), y a él tendremos que rendirle cuentas, a él lo llamo mi Testigo Eterno.

No hay nada de malo en recibir nuestra recompensa por un trabajo bien hecho, pero nunca tomes un camino corrupto por dinero, porque este camino es "espinoso y traicionero; el que aprecie la vida lo evitará" (Proverbios 22:5).

Estas son otras de las características que anoté en mi estudio de Proverbios 22 que me hablan de cómo vivir la vida excelente:

La mujer de excelencia es prudente y toma precauciones (v. 3).

Es verdaderamente humilde y teme a Dios (v. 4).

Dirige a sus hijos por el camino correcto (v. 6). Ella elige bien, tiene buena reputación e influye en sus hijos al dirigirlos.

Es generosa (v. 9); en contraste con el versículo 13, no es perezosa.

Sus palabras le ganan amigos influyentes, ya que es pura y habla con gracia (v. 11).

Considerando esta lista, ¿en qué áreas crees que debes levantar el estándar de excelencia? ¿Qué decisión puedes tomar hoy que te ayude a elegir mejor? La buena reputación se construye todos los días.

Decide buscar la estima de Dios por encima de cualquier otro premio y harás de la excelencia un requisito para cada rol de tu vida. La palabra clave para vivir con un estándar de excelencia es *elegir*. Dios es el creador del rico y del pobre, y debemos elegir ser tenidos en gran estima por él.

Oremos juntas: *Señor, ayúdame a ser cada día una mujer prudente, humilde y generosa. Lléname de sabiduría para guiar a mis hijos y a todos los que requieran de mi apoyo conforme a tu Palabra. Bendíceme y permíteme actuar siempre con gracia y excelencia.*

LA EDIFICACIÓN

Algunas personas construyen y otras reedifican; esto es porque algunas destruyen y otras simplemente estorban la construcción.

Mi hermano es uno que reedifica, y cuando él oyó que en el país de Sudán los guerrilleros destruían los hospitales y las iglesias, él sintió el llamado de Dios para empezar a reedificarlos. ¡Estoy tan orgullosa de él! Por eso yo llevo una pulsera con el nombre del proyecto que él comenzó: "El Proyecto Sudán." Esta es una causa digna.

El construir nos llena de gozo. A muchos de nosotros nos gusta ser parte de la construcción de un evento. Por ejemplo, cuando se hacen los preparativos para una boda, a pesar de que este acontecimiento requiere de tiempo y de recursos, el hecho de estar planeando algo tan importante y maravilloso nos llena de motivación y de energía.

El Proyecto Sudán me ha hecho recordar cuando en mi ciudad natal de Barranquilla, Colombia, nuestra iglesia local se involucró en un proyecto para edificar una iglesia nueva. Un grupo de treinta o más cristianos estadounidenses tomó vacaciones, ofreciendo su tiempo y recursos para venir a nuestra ciudad y ayudarnos a construir nuestro templo. Mi hermano y mi padre también participaron en la construcción. Nadie construye pensando que un día va a ver la obra en el suelo. El edificio de nuestro templo en Colombia es hoy, después de veinte años, un faro de luz y esperanza en la ciudad.

Después yo volveré y restauraré la casa caída de David. Reconstruiré sus ruinas y la restauraré, para que el resto de la humanidad busque al SEÑOR, incluidos todos los gentiles, todos los que he llamado para que sean míos. El SEÑOR ha hablado.

HECHOS 15:16-17

Existe enorme gozo en construir, pero también existe gozo reservado para los proyectos de reconstrucción. Los hermanos en Sudán no han sido tan afortunados como nosotros en Colombia. Después de soñar, planear y trabajar en la construcción de su iglesia, después de lograr la victoria de ver su iglesia construida, les tocó verla destruida por las manos de sus enemigos. Al saber que la guerrilla está allí en Sudán, lista para destruir las iglesias, algunas personas quizás piensen: *¿Y qué si ellos consiguen destruirlas otra vez?*

El Proyecto Sudán es de tan alto riesgo que tal vez no vale la pena darle importancia o tal vez no se le debe dar tan alta prioridad. De alguna manera, siempre existe ese temor cuando se trata de restaurar algo, y esto sucede también cuando se trata de restaurar nuestras relaciones. Normalmente nos preguntamos: *¿Y qué si sucede otra vez? Si ya me hirieron una vez, ¿por qué exponerme nuevamente?* Quiero asegurarte que existe un gozo reservado no sólo para proyectos de reconstrucción en lo físico, sino también en la reconstrucción de todas nuestras relaciones quebradas.

Muchas veces necesitamos dedicarnos a reconstruir áreas deterioradas en nuestro hogar. Y tú, ¿qué estás construyendo? ¿Hay algo destrozado que vale la pena reedificar? ¿Quieres restablecer la paz financiera en tu hogar? O tal vez necesitas restablecer la confianza en tu relación con tu cónyuge o con uno de tus hijos. Cuando se trata de nuestros hogares, cualquier cosa que esté averiada es digna de ser reconstruida.

Muchas veces, tenemos conflictos en el hogar y nuestro instinto inmediato es hacer cosas que tradicionalmente están relacionadas con actividades que agradan al cónyuge o a los hijos. La mayor parte del tiempo, no recibimos los resultados deseados y pensamos que realmente no vale la pena tratar nuevamente. La verdad es que no tiene sentido hacer algo si no se sabe lo que se quiere lograr. Permíteme darte un ejemplo: La confianza del cónyuge no se restablece con flores o invitaciones a cenar. Necesitamos sentarnos, examinar dónde está el daño y dedicarnos a repararlo.

Reconstruir una relación puede ser tan emocionante como lo fue comenzarla. Restaurar una relación exige soñar, planear y dedicarse a la tarea perseverante y pacientemente.

Mi hermano se ha dedicado a la tarea de reconstruir las iglesias de Sudán con mucho entusiasmo y dedicación; después de todo, él está ayudando a sus hermanos africanos a tener un nuevo comienzo, pero además está enviando un mensaje aún más intenso a nuestro enemigo: "Nosotros no somos de los que nos damos por vencidos; nosotros sabemos lo que queremos lograr y perseveraremos en ello."

Tal vez te estás dando por vencida en un área de tu relación y has decidido que un muro caído en tu hogar no hará la diferencia, y que dedicarte a reconstruir sin saber cuál será el resultado puede resultar muy riesgoso. La pregunta que debemos hacernos es: *¿Qué clase de persona soy? ¿Una que construye o una que destruye? ¿Una que reedifica o una que se da por vencida?*

La decisión es nuestra.

Oremos juntas: *Señor Jesús, te alabo y te bendigo porque tu ejemplo y tu Palabra me llenan de ánimo y de esperanza para no darme por vencida frente a los avatares de la vida cotidiana. Lléname de tu gracia y de tu sabiduría para reedificar y reconstruir mi vida. Ayúdame a reparar todo daño causado por mi ignorancia, egoísmo y falta de perdón. Haz de mí una fuente de tu paz y de tu misericordia para con todas y cada una de las personas con las que me relacione diariamente.*

LA IDENTIDAD

Hay sólo un Dios, y él declara justos a judíos y gentiles únicamente por medio de la fe.

ROMANOS 3:30

Estudiando la vida de la esclava Agar me llevé la sorpresa de sentirme muy identificada con ella. Tengo que confesar que a veces he sentido que soy invisible, que mis sentimientos o mis deseos no son importantes, y si a eso le sumamos que soy una mujer latina viviendo en el extranjero, muchas veces me he sentido como una ciudadana de segunda clase.

Cuando llegué a Bethany College of Missions en Minnesota, recuerdo que noté cómo los que adoraban parecían ángeles y todos parecían cantar mejor que yo. La iglesia tenía todo tipo de instrumentos y los que actuaban en los dramas eran actores profesionales que se dedicaban a eso. Pensé que así era en todas las iglesias del país (¡qué equivocada estaba!), pero no sólo eso, sino que llegué a pensar que Dios me estaba "puliendo," enseñándome lo poco que me necesitaba en su obra y en sus planes. Es más, creía que Dios me estaba enseñando que yo era prescindible. Estos pensamientos me hacían sentir inferior y fácilmente se establecieron en mi mente.

La realidad es que me identifiqué con Agar porque parece que su historia fuera importante sólo por haberse entrometido en la vida de Abraham y Sara, pero en cuanto al resto, no ameritaba ser mencionada. Agar no era la actriz estelar ni de su propia historia. Si había alguien que se sentía fuera de la voluntad de Dios, esa fue Agar. Su historia es la historia de lo que sucede cuando no se sigue el plan perfecto de Dios. Sin embargo, Agar tuvo un encuentro con Dios que le cambió la vida por completo. Agar era mujer y era esclava. El mismo Dios que le habló al patriarca Abraham se tomó el trabajo de encontrar a Agar en su momento de desesperación para hablarle, consolarla y darle esperanza para su vida y la vida de su hijo.

Agar habló con Dios y en su emoción, ella le dio un nombre: "El Dios que me ve." Agar entendió que ella no era invisible para Dios. Ella, una muchachita esclava, era también creación de Dios y para él, ella era importante.

Dios la ve a ella, él quiere relacionarse con ella y, al seguir el resto de la historia de cómo ella obedeció a Dios, yo concluyo que ella recibió la invitación de Dios a relacionarse con él.

Si tú sientes que eres invisible para los demás, que no eres importante, te invito a que decidas aceptar esta verdad y digas: "No soy invisible para Dios."

Él es "el Dios que me ve." Él me creó con propósito eterno. Dios le dio instrucciones específicas a esta joven mujer de qué hacer y, para nuestra sorpresa, Dios la aconsejó que regresara al mismo lugar de donde huyó. Sin embargo, Dios prometió beneficios para esa obediencia, para la vida de Agar y la de su descendencia. Adicionalmente, una vez que te encuentras con "el Dios que me ve," colocas en él tu confianza. De la vida de Agar yo aprendí muchas cosas hermosas, pero la más importante es que sin importar la situación en la que me encuentre, si escucho lo que él me pide hacer y lo obedezco, tendré el premio de vivir con la consciencia de su presencia que no me abandona. Este es el mayor beneficio para cualquier ser humano.

Oremos juntas: *Señor, en verdad tú eres "el Dios que me ve." Tú, Dios mío, eres el único que conoce mi corazón, mi alma y mi espíritu. En verdad, Señor, te doy gracias, te alabo y te bendigo porque todo lo que tú creaste es bueno. Señor, recuérdame constantemente lo buena y maravillosa que soy para ti y permíteme extender esa bendición a todas las personas en mi vida.*

LA ORACIÓN

"Oh Señor, mi Dios, clamé a ti por ayuda, y me devolviste la salud" (Salmos 30:2).

Recuerdo cuando en el pasado rehusé orar a Dios para que mi esposo me amara. Yo sentía que él no me amaba, pero rehusaba pedirle la solución a Dios en oración. Me decía a mí misma: *Es el colmo que uno tenga que pedirle semejante cosa a Dios; debería nacer naturalmente.*

Sin embargo, un día en que me sentía completamente desesperada por la situación, se la llevé a Dios en oración. Tan sencillo como lo dice el salmista, cuando finalmente oré a Dios, él extendió su mano para responderme.

Esto suena tan sencillo como si yo dijera: "Cuando finalmente abrí el paraguas, me dejé de mojar en la lluvia." "Cuando finalmente fui a la nevera y me tomé un vaso de agua, se me aplacó la sed." "Cuando finalmente me coloqué el saco, no sentí más frío."

Confieso haber confiado en mi propia justicia y no siempre haberme abrigado en la justicia de Dios. Cuando creemos que hay algo que merecemos nos es difícil pedirlo. Y si se nos hace difícil pedir algo, entonces se nos va a ser difícil de llevárselo a Dios en oración.

Santiago 5:16 dice que la oración ferviente del hombre justo es poderosa y eficaz. "Confiésense los pecados unos a otros y oren los unos por los otros,

Confiésense los pecados unos a otros y oren los unos por los otros, para que sean sanados. La oración ferviente de una persona justa tiene mucho poder y da resultados maravillosos.

SANTIAGO 5:16

para que sean sanados. La oración ferviente de una persona justa tiene mucho poder y da resultados maravillosos."

Este versículo nos dice que la sincera, genuina y continua oración de una persona justa libera tremendo poder. La oración es dinámica en su trabajo. La oración no es un acto pasivo.

Hay que orar de la manera correcta, esto es, llevando simplemente nuestra petición a Dios no en nuestra propia justicia sino en la aceptación y aprobación de la justicia de Cristo en nosotros.

Tal vez tú dices: *Qué tonta, ¿cómo no le llevó a Dios en oración su problema matrimonial?* Pero no nos engañemos: ¿cuántas veces no vamos a Dios en oración con la misma actitud? Yo rehusé orar por necedad, pero también he llegado en oración con la actitud de que merezco lo que estoy pidiendo. La Biblia nos enseña a pedir en el nombre de Jesús y en su justicia, no en la nuestra.

Ahora yo oro por todo. Si ustedes supieran, pensarían que estoy loca, pero ¿saben qué?, en el pasado yo descuidé la oración y abandoné el orar sobre una cosa en mi matrimonio, y esa equivocación casi destruyó mi vida. Aprendí de David a entregar todas mis necesidades y hacer de ellas peticiones de oración.

"Alégrense por la esperanza segura que tenemos. Tengan paciencia en las dificultades y sigan orando" (Romanos 12:12).

En un momento de gran estrés presenté mi renuncia, pero mi jefe me dijo que no me la aceptaba: "Vete a casa, tómate un tiempo y dedícate a alguna actividad que te relaje. ¿Por qué no te dedicas a arreglar tu jardín?". Así que decidí tratar. Por supuesto que yo parecía más un maestro de obras que un jardinero. "Brian, ayúdame con esta planta, está muy pesada," luego: "Mi amor, ¿será que puedes cavar un hueco aquí?," y bueno, ya ustedes tienen la idea de cuál fue mi aporte en esta actividad de relax. Lo peor vino cuando yo le dije: "Mi amor, la manguera no estira, ayúdame." Así que él, usando de su fuerza, tiró tan fuerte de la manguera que partió la tubería.

Mientras esperábamos al plomero, decidí que era hora de encarar mis sentimientos en el único lugar seguro: en la disciplina de la oración.

La combinación del silencio, la soledad y la oración en la presencia de nuestro Dios nos lleva a resolver nuestros conflictos internos y nos da respuestas a las preguntas que aún no hemos hecho. "¿Y ahora qué, Señor?" fue mi pregunta. "Tengo cuarenta años y no tengo hijos. Traté de adoptar en Brasil, pero tuve que devolver al niño." Eran muchas cosas por las que me sentía desalentada; sin embargo, después de la oración sincera, entregándole mi situación a Dios y actuando en los impulsos de su amor, dio resultados. Tres meses más tarde mis dos hijos fueron su respuesta. "No se preocupen por nada; en cambio, oren por todo. Díganle a Dios lo que necesitan y denle gracias por todo lo que él ha hecho" (Filipenses 4:6).

———————————————

Oremos juntas: *Señor, gracias por enseñarnos a orar a nuestro Padre celestial. Ayúdame a buscarte siempre y en todo momento en oración y a no tratar de solucionar problemas y situaciones por mí misma. Gracias por estar siempre conmigo y por la bendición de recurrir a ti con cualquier inconveniente. Sobre todo, gracias, Señor, por tu paz que reconforta mi espíritu cuando acudo y clamo a ti.*

LA OBEDIENCIA

Dios no espera la perfección inmediata, pero sí que sigamos sus enseñanzas. El historiador Lucas nos dice que Jesús hablando con sus discípulos les dijo: "¿Por qué siguen llamándome '¡Señor, Señor!' cuando no hacen lo que digo?" (Lucas 6:46). Jesús, como buen maestro judío, nos hace una pregunta a la que no le da respuesta. Es una pregunta para ti y para mí.

En otra reflexión en este libro tratamos de contestar esa pregunta, pero aquí en este día, vamos a hacerle una pregunta a la pregunta de Jesús. ¿Qué es lo que nos aclara Jesús con esta pregunta? Creo que Jesús nos está dejando en claro que él tiene la expectativa de que nosotras lo vamos a seguir y que nos vamos a sentar a sus pies para aprender cómo vivir. "¿Por qué siguen llamándome '¡Señor, Señor!' cuando no hacen lo que digo?" Tal vez Jesús nos está diciendo esas mismas palabras hoy, llamando a los cristianos, a los seguidores de "El Camino," a una obediencia mayor y a una fidelidad más profunda. Somos su Talmidim, esto es, sus discípulos. Debido a que todo discípulo necesita entender lo que su maestro está diciendo, leer las palabras de Jesús con claridad es un paso preliminar y necesario para poder vivir según sus mandatos e instrucciones.

Cuando decidí que seguiría a mi Señor y sus instrucciones, era como si él comenzara a hablar más claro a mi corazón. Me sorprendieron las cosas que Dios comenzó a decirme en mi tiempo a solas con él. Yo pensaba que necesitaba que mi esposo

Esto les dije: "Obedézcanme, y yo seré su Dios, y ustedes serán mi pueblo. ¡Hagan todo lo que les diga y les irá bien!".

JEREMÍAS 7:23

me oyera, me entendiera y que cambiara, así yo podría ser finalmente feliz; pero Dios se enfocó en las cosas que yo podía decidir cambiar.

Estas son las cosas que escuché de él en mi tiempo con Dios: "Quiero que seas agradecida," me dijo el Señor. Así que me arrodillaba tres veces al día (iniciativa) y me disponía a recordar todas las cosas por las cuales debía agradecer a Dios y le daba gracias inmediatamente (la acción llegaba). Yo planeaba arrodillarme y encontraba siempre por qué agradecer . . . ahora es un hábito. Lo que he descubierto es que un corazón agradecido —está comprobado científicamente— es bueno como remedio para la depresión y el mal ánimo. Es común que al recordar eventos complicados o penosos del pasado, las personas revivan las mismas emociones que sintieron. Para una mujer es muy bueno sentarse a recordar las cosas buenas y sentir las mismas sensaciones de agradecimiento.

Una amiga mía estaba ya lista para dejar a su esposo. Sin embargo, el sentarse y recordar conmigo las razones por las que ella se enamoró de él por primera vez la hizo sentir una sensación de agradecimiento y revivir los sentimientos de amor que aún estaban allí, pero que ahora se encontraban un poco enterrados bajo todas las quejas cotidianas.

El Señor también me pidió: "Quiero que seas bondadosa." Yo entendí que no era sólo aprender a ser dadivosa, sino también a ser más compasiva y usar más misericordia incluyendo las palabras que usaba. Lo que el Señor me pedía era que tomara la decisión de ser bondadosa y compasiva, y luego (sólo al tenerlo claro en mi mente) las oportunidades llegan donde puedo tomar la decisión de querer ser bondadosa y actuar en bondad.

———————————————

Oremos juntas: *Señor Jesús, instrúyeme a seguir tu ejemplo, a ser obediente y a recordar siempre que no es mi voluntad sino la tuya la que edificará, bendecirá y prosperará mi vida. Ayúdame a desarrollar un corazón obediente y agradecido a pesar de que las circunstancias no parezcan ser de las más favorables. Que prevalezcan siempre la obediencia, la bondad y el gozo en mi corazón.*

LA VIRTUD

Me impresionó el siguiente relato: "Mientras estaba junto a la ventana de mi casa, mirando a través de la cortina, vi a unos muchachos ingenuos; a uno en particular que le faltaba sentido común. Cruzaba la calle cercana a la casa de una mujer inmoral. . . . Era la hora del crepúsculo, al anochecer, mientras caía la densa oscuridad. La mujer se le acercó, vestida de manera seductora y con corazón astuto. Era rebelde y descarada, de esas que nunca están conformes con quedarse en casa. Suele frecuentar las calles y los mercados, ofreciéndose en cada esquina. Lo rodeó con sus brazos y lo besó, y mirándolo con descaro le dijo: . . . '¡Tú eres precisamente al que estaba buscando! ¡Salí a encontrarte y aquí estás!'"

No, no les estoy contando los detalles de la historia de un hombre famoso descubierto en adulterio, estoy leyendo el relato textual del capítulo 7 de Proverbios usando la Nueva Traducción Viviente.

El final es siempre triste para este tipo de hombre. Continuemos leyendo de la NTV para que te sirva de ejemplo: "Y así lo sedujo con sus dulces palabras y lo engatusó con sus halagos. Él la siguió de inmediato, como un buey que va al matadero." Este relato nos dice que la infidelidad siempre trae muerte. Muerte de una relación, de tu integridad y de tu reputación. A pesar de que se describe al joven necio que cayó en las manos de esta mujer como presa fácil, no nos debemos olvidar que este también es el cuadro bíblico de una mujer inmoral.

La mujer que teme al SEÑOR será sumamente alabada. Recompénsenla por todo lo que ha hecho. Que sus obras declaren en público su alabanza.

PROVERBIOS 31:30-31

¿Cuántas veces hemos pecado haciéndonos las chicas sexy que la sociedad muestra como atractivas? Parecen ganar las posiciones más deseadas en la farándula y se nos olvida que al imitar su manera de vestir o su comportamiento, actuamos como lo hace una mujer inmoral. Así nos vamos contaminando el corazón y pronto ya no sabemos a qué bando pertenecemos.

Cuando leemos todo el capítulo 7 de Proverbios, encontramos muchas otras características de esta mujer inmoral:

Miente y manipula para conseguir lo que quiere y es rebelde.

No está atenta a su casa sino a lo que sucede en el mercado y en la calle.

Seduce a los hombres con descaro.

Utiliza palabras dulces, halagos y mentiras.

Se viste de manera seductora.

Es infiel a su esposo.

Desvía el corazón de los hombres y sus caminos son descarriados.

Consideremos este cuadro de la mujer inmoral en contraste con la mujer que se describe en el capítulo 31 de Proverbios. Se considera al capítulo 31 de Proverbios como el cuadro bíblico de una mujer ideal. Esto es, el ideal de Dios para una mujer.

Utilizando nuevamente la Nueva Traducción Viviente, se entiende claramente lo que Dios define como una esposa virtuosa y capaz: Ella "es fuerte y llena de energía y es muy trabajadora" (v. 17). Luego dice: "Tiende la mano al pobre y abre sus brazos al necesitado" (v. 20). De su naturaleza y de la condición de su corazón, el sabio Salomón termina describiéndola con estas palabras: "Está vestida de fortaleza y dignidad, y se ríe sin temor al futuro. Cuando habla, sus palabras son sabias, y da órdenes con bondad. Está atenta a todo lo que ocurre en su hogar, y no sufre las consecuencias de la pereza. Sus hijos se levantan y la bendicen. Su marido la alaba: 'Hay muchas mujeres virtuosas y capaces en el mundo, ¡pero tú las superas a todas!'. El encanto es engañoso, y la belleza no perdura, pero la mujer que teme al SEÑOR será sumamente alabada" (vv. 25-30).

¿Cuántas veces sentimos que no damos la talla de la mujer virtuosa de Proverbios 31? Yo me he sentido así más de una vez. Recuerdo el día en que recibí el siguiente mensaje de una de mis amigas que conoce mi labor en la radio y en la televisión. Nos conocimos después de que ella escuchó *Un minuto con Dios* en la televisión. Ella me escribió:

> Una mujer hermosa no es la más joven, ni es la más flaca, ni la de cutis más terso o la de cabello más llamativo. Es aquella de corazón puro que con una frase y una sonrisa es capaz de alegrar la vida de quienes la rodean. Esa mujer eres tú. ¡Tú eres una mujer especial para mí! Te quiero mucho.

Qué bueno que mi amiga se dejó usar para enviar un mensaje divino, porque vivimos en un mundo en que la mayor parte del tiempo, las personas se ponen de acuerdo con el enemigo para subrayar los mensajes que él intenta introducir en tu cabeza cuando te miras al espejo. Una palabra de ánimo en un momento de tristeza es mejor que un halago después de una victoria. Gracias a mi amiga Alejandra por enviarme este mensaje.

Nuestro motivo al elegir qué camino tomar no está basado egoístamente en la recompensa que tendremos; sin embargo, el sabio Salomón nos muestra que aun así, una esposa virtuosa y capaz tendrá mejor recompensa que una mujer inmoral: "Recompénsenla por todo lo que ha hecho. Que sus obras declaren en público su alabanza" (Proverbios 31:31).

Oremos juntas: *Bendito Señor, concédeme desarrollar las cualidades de la mujer virtuosa descrita en Proverbios 31 y que cada uno de mis pensamientos, palabras y obras reflejen tu gracia, tu sabiduría y tu amor incondicional hacia todas las personas que pongas en mi camino.*

LA FORMACIÓN

Muchos jóvenes no saben que el matrimonio es realmente una institución formativa; piensan que es más bien la institución a la que se ingresa cuando uno ya está formado. Yo me casé después de terminar mi carrera de Ingeniería y mis estudios teológicos. Me sentía lo suficientemente formada para contraer matrimonio y, por lo tanto, cometí muchísimos errores al no entrar con un espíritu de aprendizaje sino con una actitud de sabiduría en mis propias opiniones sobre la vida y las relaciones. Esto me trajo mucho dolor y frustración.

Es recomendable informar a nuestros jóvenes que el día que se casan comienzan una escuela en la que el noviazgo es el kindergarten y luego hay que mantener una actitud de aprendizaje para enfrentar lo bello, lo feo y lo inesperado del matrimonio.

Decimos a los jóvenes que el matrimonio es grandioso e importante, pero también les decimos que tienen que esperar hasta estar individualmente realizados. También se les recomienda esperar para establecer relaciones sexuales. Hay peligros en la espera matrimonial cuando se sostiene noviazgos largos. Algunos dicen que pueden vivir y resistir las tentaciones sexuales. Es posible, pero podrían ser las hormonas las que los mantienen juntos durante el noviazgo, mientras que la falta de verdadero amor y un espíritu de independencia pueden mantenerlos alejados de la idea matrimonial.

En nuestra sociedad proliferan diálogos sobre la

Adquiere la verdad y nunca la vendas; consigue también sabiduría, disciplina y buen juicio.

PROVERBIOS 23:23

tolerancia y este tipo de pensamiento impregna todas las áreas de la vida. Escuché sobre una mujer que escribió un libro detallando su experiencia de cómo el ser infiel al esposo no es malo. Según ella, lo que ocasiona problemas en el matrimonio es cuando uno de los cónyuges es infiel sexualmente y no lo comparte con su cónyuge. Una vez que hay diálogo sobre el asunto puede haber tolerancia y entonces todo marcha sobre ruedas.

Esta persona no podría estar más equivocada. Tal vez esto funciona con los tratados de paz entre países, pero no en una relación que se caracteriza por tener un grado único de intimidad entre dos personas como lo exige el matrimonio. Sin embargo, he escuchado a jóvenes cristianos decir que estaría bien casarse con personas de otras religiones si entre ellos evalúan las diferencias que se presenten. Claro que dos personas pueden vivir juntas con respeto, pero la intimidad se alcanza al llegar a ser uno. "¿Pueden dos caminar juntos sin estar de acuerdo adonde van?" (Amós 3:3).

Proverbios nos aconseja: "Adquiere la verdad y nunca la vendas" (23:23). No obstante, muchas de nosotras somos incautas y, en lugar de adquirir la verdad, compramos cualquier mentira disfrazada de verdad que nos venden todos los días en el "bazar de la vida." Cuando vienen los problemas en el matrimonio, la solución inmediata es el divorcio y si no es el divorcio, es quedarnos juntos manipulando a nuestro cónyuge. La Biblia nos dice: "No imiten las conductas ni las costumbres de este mundo, más bien dejen que Dios los transforme en personas nuevas" (Romanos 12:2).

Debemos renovar nuestras mentes y pedirle a Dios que él nos muestre cuáles preceptos estamos tomando como verdaderos, pero que en realidad están basados en una cosmovisión totalmente secular y humanista.

***

Oremos juntas: *Señor Jesucristo, gracias por tu infinita misericordia. Ten compasión de mí y transfórmame en una persona nueva, tal como dice tu Palabra en Romanos 12:2. Renueva mi mente y mi discernimiento para no dejarme engañar por la intolerancia y las mentiras del mundo en que vivimos.*

LA INTEGRIDAD

Una familia puede estar dividida debido a que sus miembros no tienen unidad en sus propios valores. Hay muchas familias que creen llevar una vida espiritual individual, pero sus hogares son un completo fracaso debido a la falta de armonía y de unidad. Estas personas llegan a ser "luz" de la calle y "oscuridad" de su casa.

Pero tú, Timoteo, eres un hombre de Dios; así que huye de todas esas maldades. Persigue la justicia y la vida sujeta a Dios, junto con la fe, el amor, la perseverancia y la amabilidad.

1 TIMOTEO 6:11

No obstante, muchas veces esta división viene en términos de valores, cuando el individuo usa un conjunto de valores para dirigir lo que él considera como la "vida espiritual" y otro para el trabajo cotidiano y para sus relaciones. Esta vida no podrá permanecer en pie pues ya está dividida. Muchas veces, la dicotomía entre lo que decimos que representa nuestro pensamiento cristiano y lo que reflejan nuestras acciones puede ser profunda. Sin embargo, recordemos que mientras el pensamiento no produce nada, la acción sí produce algo. Por ejemplo, tú crees en el poder del amor, pero en tu hogar actúas sin amor. Son tus acciones las que definen y revelan tus verdaderos valores. Encuentra la unidad en tu hogar alcanzando primero la integridad de valores en tu propia vida individual.

El apóstol Pablo nos dice en el libro de Romanos que debemos vivir con nuestros hermanos sin causar angustia con nuestro comportamiento. Él nos dice: "Esforcémonos por promover todo lo que conduzca a la paz y a la mutua edificación" (Romanos 14:19, NVI). ¡Qué bendición sería si se pusiera en práctica en nuestros hogares este consejo que nos da Pablo! Este pensamiento va en contra del individualismo que vivimos en nuestra sociedad.

Cuántas veces he oído predicar que para alcanzar el éxito personal debemos deshacernos de lo negativo en la vida —y muchos inmediatamente piensan en su relación conyugal—, pero yo te digo: Sí, debemos deshacernos de lo negativo en nosotros; lo negativo es la amargura, el engaño, la idolatría, la avaricia, pero no podemos colocar en esta categoría a los que forman parte de nuestro hogar. No se puede vivir en el hogar como si fuera un lugar en el que la función principal de todos los integrantes sea hacerte feliz a ti.

Es mi exhortación que tomemos la decisión de esforzarnos para establecer el reino de Dios en nuestros hogares, el cual, según el apóstol Pablo, está cimentado en la justicia, la paz y el gozo del Espíritu Santo: "Pues el reino de Dios no se trata de lo que comemos o bebemos, sino de llevar una vida de bondad, paz y alegría en el Espíritu Santo" (Romanos 14:17).

Oremos juntas: *Dios mío, gracias por tu bendita Palabra que me enseña a desarrollar la integridad en todos y cada uno de los aspectos de mi vida. Ayúdame a reflejar siempre los valores cristianos y la integridad en mi vida.*

EL SIGNIFICADO

Leí en un artículo sobre el éxito: "¿Qué quieres tú que diga tu tumba?". Además, ¿cómo definimos el éxito en nuestros días? En el mundo moderno, el individualismo ha infiltrado todas nuestras más preciosas instituciones, incluyendo nuestras iglesias —más tristemente aún, nuestros hogares.

Aquí culmina el relato. Mi conclusión final es la siguiente: teme a Dios y obedece sus mandatos, porque ese es el deber que tenemos todos.

ECLESIASTÉS 12:13

Cuando hablo de individualismo moderno me refiero a esa descontrolada carrera en la que todos creemos que debemos ingresar para llegar a ser grandes y exitosos sin importar lo que nos cueste. Muchas veces, un padre llega a ser exitoso en su trabajo, pero a costa del tiempo que comparte con sus hijos y con su cónyuge, hasta el extremo de llegar a perderlos. Esto es lo que yo llamo "el conflicto del cristiano moderno," porque creo que lo compartimos todos los que vivimos en el siglo XXI: el conflicto de tener y ejercitar nuestra responsabilidad individual, pero de vivir, a la vez, responsablemente en y hacia la comunidad que nos abriga.

La Biblia dice que "no es bueno que el hombre esté solo" (Génesis 2:18), pero el mundo cristiano ha comprado la película del "Llanero Solitario" que lo puede todo él solito, y así son todos nuestros héroes modernos: el hombre o la mujer que logra algo extraordinario sin importar el precio. Yo te pregunto, en términos de tus relaciones en el hogar: ¿Qué te está costando tu sueño?

"¿Qué quieres que diga tu tumba?", decía aquel artículo sobre el éxito, pero al pensar en mi respuesta, me hice otra pregunta: *¿Quién visitará mi tumba?* Igualmente, te pregunto yo hoy: ¿A quién le estaremos dejando el mensaje? ¿A tu hijo, a tu cónyuge, a un buen amigo? Pues si es así, ellos no necesitan leer la lápida para hacerse una idea de lo que fuiste tú.

Así que decidí que no es tan importante lo que diga mi tumba, pues sólo habrá lugar para unas cuantas palabras. Lo más importante es cómo terminarán la frase que vean allí escrita las personas que visiten mi tumba. Tú no vas a querer que ellos lean: "Aquí yace Zutanita, una mujer de éxito," y que entonces terminen la frase: "la cual nunca le prestó atención a sus hijos, la que nunca tuvo tiempo para mí, la que corría mucho y sólo se la veía tarde en la noche." Por consiguiente, creo que llega a ser más importante lo que no va a decir mi tumba que lo que esté escrito en ella. ¿Cuál es el pensamiento que los miembros de tu familia se hacen al pensar en ti?

Esto me hizo recordar la historia del señor Nobel. Creo que el señor Nobel dedicó toda su vida a inventar la dinamita y un día leyendo el periódico se encontró leyendo su propio obituario. Lo que decía el mensaje era que el señor Nobel había inventado la dinamita, con la cual se hacen cosas terribles en contra de la humanidad. Esto le dio a él la oportunidad de decirse: *No quiero que se me recuerde así*, y decidió cambiar su vida. Hoy el premio Nobel lleva ese nombre en memoria de las buenas obras que el señor Nobel logró hacer después de que se encontró enfrentado con el sorprendente y triste legado que estaba dejándole a la humanidad. Hoy tú también puedes decidir cambiar. ¿Por qué serás recordada?

Esto es lo que deseo que diga mi tumba: "Aquí yace una AUTÉNTICA seguidora del maestro Jesús: el Mesías." Y si queda espacio, dirá: ". . . el cual un día volverá y la resucitará de esta tumba."

Oremos juntas: *Dulce Señor, es poco lo que logramos por nosotras mismas. Una vida que no esté cimentada en ti carece de significado y resulta estéril. Ayúdame a descubrir y a vivir plenamente tu vida abundante.*

EL ÉXITO

Miremos algunas definiciones del éxito en Twitter. "El éxito de hoy," dijo alguien, "es el lograr ser 'tú' multiplicado por 10, o sea, ser más grande que la vida misma, ser visible en Internet y fuera de Internet."

Esto me suena a mí más a esclavitud que a éxito. Lo que he aprendido sobre el éxito es que las historias toman tiempo para desarrollarse y por lo tanto, hay que saber perseverar y esperar. La historia de Elisabet, por ejemplo: ella fue descrita como una mujer piadosa, ya mayor y estéril hasta que Dios decidió empezar otro capítulo en su vida y le dio un hijo. Hoy es recordada como la madre del gran Juan el Bautista. Esto enseña que hay que esperar, pues Dios tiene planes grandes que toman tiempo.

Igualmente, la Biblia nos habla sobre la historia de José. Si a José le hubieran preguntado si él creía en el éxito cuando fue comprado como esclavo, él habría dicho: "Aún tengo sueños grandes y voy a salir de aquí," y salió, pero para la cárcel. Después de muchos años, su sueño se hizo realidad, pero fue posible no sólo disfrutarlo, sino que el cumplimiento de su sueño tuvo como objetivo el ser una bendición para toda su familia (de tal manera que José es recordado como el hombre que libró a su familia del hambre).

"Venga por una semana al 'Jardín Egocéntrico,' donde podrá refrescarse en piscinas de aguas cristalinas y girar en nuestras sillas colgantes con un

Los planes fracasan por falta de consejo; muchos consejeros traen éxito.

PROVERBIOS 15:22

libro o un amigo." Eso decía la propaganda del spa del hotel donde nos alojábamos. Esta descripción me hizo pensar en lo triste de nuestro mundo que nos dice que la tranquilidad se puede encontrar si pudiéramos estar solas y centradas en nuestros propios placeres. Es como si pensáramos que si pudiéramos vivir en un mundo donde nuestros hijos no derramaran la leche en la mesa, seríamos felices, o seríamos finalmente felices si pudiéramos deshacernos de la posibilidad de que acontezcan aquellos eventos aislados que nos suceden a diario y nos dejan de mal humor.

La realidad es que Dios nos creó para vivir en comunidad, y es en la compañía de otros que florecemos. Y además, somos creados para salir de nosotros mismos y alcanzar a través del amor de Dios primero a los que están más cerca, esto es, a los de nuestra familia, y luego a los que necesitan apoyo físico, emocional y espiritual en nuestra comunidad. Dios es el ser más feliz del universo; la Biblia dice que él aún trabaja. Así que no es el descanso físico o la ausencia de trabajo lo que trae la felicidad. La Biblia dice que Dios es amor, y vivir una vida de amor es lo que traerá verdadera felicidad, propósito y significado a nuestra existencia.

Oremos juntas: *Señor, permíteme recordar siempre que "una vida de amor es lo que traerá verdadera felicidad, propósito y significado a nuestra existencia." El éxito sin ti es inexistente. Creo que el verdadero éxito está en obedecerte, en ser útil, en servir y en ser de bendición para mis semejantes.*

LA REDENCIÓN

En 2 Samuel se nos habla de "La mujer sabia de Tecoa," la cual se enfrenta a David en la época de su vida cuando los hilos del tejido de su historia estaban enredados. Ella dice: "Todos moriremos algún día. Nuestra vida es como agua derramada en el suelo, la cual no se puede volver a juntar. Pero Dios no arrasa con nuestra vida, sino que idea la manera de traernos de regreso cuando hemos estado separados de él" (2 Samuel 14:14).

Me gusta mucho el pasaje anterior, porque cuando llegan las circunstancias duras a nuestra vida, ya sea como consecuencia de nuestro propio pecado o no, y tomamos el camino que tenemos en frente de la mano de Dios, corremos el riesgo de que a los testigos de nuestra vida, aquellos que están a nuestro alrededor, les parezca como que no hemos tomado el camino correcto y nos podríamos sentir avergonzadas.

Yo, en particular, estoy hablando del dolor de la infertilidad que pasé al lado de mi esposo por muchos años. También podría referirme al dolor de un amigo pastor, ocasionado por la infidelidad de su esposa. Para el rey David fue el dolor de la muerte de uno de sus hijos y el deseo de poder relacionarse con el hijo que estaba exiliado y perdido.

Esta mujer nos recuerda la verdad que nos hace a todos iguales: "Todos moriremos algún día." Igualmente nos recuerda otro común denominador en la vida de un ser humano. Romanos dice:

Él anuló el acta con los cargos que había contra nosotros y la eliminó clavándola en la cruz.

COLOSENSES 2:14

"Todos hemos pecado; nadie puede alcanzar la meta gloriosa establecida por Dios" (3:23). El pecado nos ha privado del plan original de Dios.

No hay nada como recordar que "todos moriremos algún día" para probar el punto de que ninguno de nosotros está viviendo el plan "A" de Dios, pues todos hemos pecado.

En esta tierra, después de la caída del hombre, Dios nos muestra sólo un tipo de plan: el plan "R" de *redención* para *restaurar* nuestra *relación* con él.

Por cada situación dolorosa que vivimos, es obvio que experimentamos el precio de vivir en un mundo caído y de pecado. Dios quiere mostrarnos su plan de redención.

La vida cristiana es una vida de intercambio, en la que yo le entrego mi infertilidad a Dios y él confirma la dulce verdad de que me ama. Su plan redentor tiene como objetivo enviarte el mismo mensaje: su plan "A" no ha cambiado, Dios aún quiere relacionarse con nosotros; no nos quiere separados de él.

Es por eso que él se idea la manera de traernos de regreso cuando hemos estado separados de él.

Hoy existen circunstancias en tu vida que te hacen sentir el peso del pecado, que te hacen sentir en necesidad y en pobreza, pero esas condiciones son las menos peligrosas en la vida de un cristiano; lo más importante es aceptar nuestra necesidad de Dios en todo y siempre. Una persona conforme al corazón de Dios es aquella que confía no en su perfección, su llamado o su astucia, sino en el amor inagotable de Dios que nos alcanza y redime nuestra situación.

Oremos juntas: *Señor Todopoderoso, gracias por tu maravilloso plan de redención y por ese amor infinito e incondicional que nos demuestras cada día. Perdóname por dejarme amilanar por las circunstancias dolorosas de la vida y por olvidar que lo más importante es mi relación contigo. Gracias, Señor, por redimirme y restaurarme.*

LA VICTORIA

En una de mis visitas a México, participé en un evento muy especial donde presenté mis libros en una feria. El día viernes había estado en la radio hablando sobre mi libro y las personas que escucharon el programa acudieron a la feria para comprarlo. En esta feria dediqué mucho tiempo a las personas que acudieron al evento y me aboqué a conversar con ellas y a firmar los libros.

Recuerdo que ya tenía mi sistema de firmas bien planificado para cada título. Por ejemplo, para el libro *Confesiones de una mujer desesperada*, escribía el nombre de la persona por encima del cordón de regalo que aparece en la página de la portada. Así que cuando se acercó una mujer muy linda para que le dedicara el libro, le pregunté su nombre, a lo que ella me respondió: "Mi nombre es Vicky." Debido a que Vicky es un nombre americano y ella era latina, quería estar segura de escribir el nombre correctamente, así que le pedí que lo deletreara.

Para mi sorpresa, ella no supo contestar a mi pregunta. Me dijo:

—No sé cómo se escribe; hágalo como usted quiera.

Yo la miré y le dije:

—¿No sabes deletrear tu nombre?

La respuesta de Vicky me sacudió al instante.

—Es que odio mi nombre —me dijo cambiando su voz.

Enseguida entendí que era una cita divina,

Las Escrituras nos dan esperanza y ánimo mientras esperamos con paciencia hasta que se cumplan las promesas de Dios.

ROMANOS 15:4

porque sé que uno de los engaños más astutos de nuestro enemigo es el tentarnos a cambiar de nombre para esconder nuestra identidad herida. Entonces con mucho respeto le pregunté:

—¿Cómo te llamas?

Ella me contestó con un tono aún más grave:

—Mi nombre es Victoria, pero mi vida está llena de derrotas.

Tal vez tú, que lees, no te llames Victoria, pero te sientes igual que mi amiga Victoria, que se cambió el nombre porque le recordaba que su vida estaba llena de derrotas. Yo le pedí a Victoria que me explicara las derrotas en su vida y por qué había venido a comprar el libro.

Después de contarme una historia en particular, me di cuenta de que Victoria tenía el concepto equivocado de su nombre. *Victoria* no significa la ausencia de desafíos o de batallas. Todo lo contrario: victoria atestigua que en medio de la batalla obtuvimos el poder para ganarle a la adversidad. Y eso era exactamente lo que había pasado en la vida de Victoria. Ella había batallado con el cáncer y con la ayuda de Dios, había vencido. "¿Cómo le llamas a eso derrota? ¿Es derrota haber tenido cáncer?" La enfermedad es una de las adversidades en la vida, pero la victoria se obtiene al final de la batalla. Lo que necesitamos es el poder de Dios para que nos sostenga en medio de la adversidad y nos dé la victoria. Recuerda, la victoria no es la ausencia de problemas sino la evidencia del poder de Dios actuando a nuestro favor.

Gracias le doy a Dios por haber conocido a esta mujer y haber compartido con ella. Yo le dije, como te digo a ti en estas líneas: "No te cambies el nombre; tu nombre es Victoria. Tu vida no es una constante derrota porque la historia todavía no ha terminado." Pablo decía que aun la muerte de un justo no se considera como una derrota: "Oh muerte, ¿dónde está tu victoria? Oh muerte, ¿dónde está tu aguijón?" (1 Corintios 15:55). Tú y yo somos victoriosas en Cristo porque la batalla más grande ya se venció en la Cruz del Calvario, esto es, la batalla del pecado y la muerte que nos acechaban para destruirnos eternamente. Dios nos dio la victoria y con ese conocimiento tenemos que vivir en medio de los problemas y las circunstancias adversas que se nos presentan. Vivamos con la consciencia de que ya somos victoriosas y con el coraje que trae el tener la certeza de que los hijos de Dios la experimentarán en sus propias vidas.

Oremos juntas: *Dios Padre, gracias por el sacrificio de Jesús que me permite vivir en victoria y enfrentar toda batalla en la seguridad de que tú vas delante lidiando con las adversidades como evidencia palpable de tu poder en mi favor.*

EL EQUILIBRIO

"Concéntrense en todo lo que es verdadero, todo lo honorable, todo lo justo, todo lo puro, todo lo bello y todo lo admirable. Piensen en cosas excelentes y dignas de alabanza" (Filipenses 4:8).

Una pregunta habitual que me dirigen durante las entrevistas es: ¿Cómo hace una mujer para no perder el balance en su vida, sobre todo si desempeña tantos roles como el de esposa, madre, ama de casa y ministro de la Palabra?

Balance no es una mala palabra, pero creo que en algunas ocasiones se ha usado mal. Me gusta hacer la diferencia entre la palabra *balance* y *equilibrio*, porque aunque estas dos palabras podrían ser usadas en la misma frase y con la misma connotación, creo que para responder a la pregunta fundamental, que realmente se hace cuando escuchas a alguien decir: "¿Cómo haces tú para balancear tu vida?," hay que puntualizar la diferencia entre balance y equilibrio.

Creo que la imagen mental que la palabra *balance* normalmente crea en las personas de la sociedad actual es la de tratar de controlar todos los aspectos con los que lidiamos cotidianamente, tal como el malabarista de circo que mantiene los bolos en el aire y sólo se detiene en uno de ellos por unas cuantas milésimas de segundo. El problema con esta imagen mental es que el malabarista se enfoca en mantener el balance de los bolos. Su enfoque no está en los bolos mismos. Por eso prefiero usar la palabra *equilibrio*, ya

Busquen el reino de Dios por encima de todo lo demás y lleven una vida justa, y él les dará todo lo que necesiten.

MATEO 6:33

que la figura mental que esta palabra nos trae tiene que ver con mantener la sensatez, la prudencia y la armonía, y el estar conscientes de la medida que usamos para mantenernos ecuánimes en todos los asuntos o entidades que deseamos mantener en equilibrio.

Cuando hablamos de mantener el equilibrio, el enfoque se coloca en lo que realmente está en juego: el estado de cada una de las piezas. Tal vez algunos piensen que sólo estoy resolviendo algo interno al hacer esta diferenciación, pero he experimentado usando adrede la palabra *equilibrio* con mis amigos y también en mis conferencias, y me ha dado el mismo resultado. De otra manera, diría que me opongo al balance que predica esta generación y propongo abrazar lo que amamos. Por ejemplo, muchos preguntan cómo balancear la vida familiar, pero no es una pregunta que nace de la preocupación por su familia. Lo que los impulsa a buscar el balance es más bien el deseo por la autorrealización. Esta es una actitud con la que debemos tener cuidado. No debemos balancear nuestras responsabilidades, haciendo malabarismos en el aire de la vida, mientras buscamos la autorrealización en otras fuentes. El resultado será una falta de concentración fatal que puede aniquilarlo todo. No lograrás la autorrealización y tampoco lograrás ocuparte de tus responsabilidades.

Déjame ponerte otro ejemplo: Soy de las que piensan que la vida es como un gran banquete en el cual podemos elegir comer lo que queramos, pero tenemos que recordar que el estómago sólo permite cierta cantidad de comida. En un banquete, por ejemplo, el equilibrio nos hace decidir qué vamos a colocar en el plato de acuerdo a lo que el estómago nos permitirá comer. Por lo tanto, usando la inteligencia o la experiencia, en estas cuestiones de comida el equilibrio elegirá colocar en el plato lo que nos agrada verdaderamente.

Creo que el balance intentará confundir a la mente para comer rápidamente todo lo apetecible en veinte minutos. Este es el tiempo que la mente toma para decidir si ya comió lo suficiente y para enviar la señal de satisfacción. Creo que podemos ser equilibrados en el banquete de la vida sabiendo que después del desayuno, todavía podemos tener una merienda, un almuerzo, otra merienda y hasta una cena. Además, podemos comer el bocado más delicioso antes de dormir y disfrutarlo sin sufrir luego un malestar estomacal. Una pregunta fundamental es cómo hace una mujer con tantos alimentos en su plato para no perder el enfoque de su vida.

El estado de nuestro corazón determina el rumbo de nuestra vida. Es por eso que es tan importante mantener el enfoque: conservar nuestro corazón puro y limpio de maleza. El sabio Salomón lo dijo de esta manera: "Sobre todas las cosas cuida tu corazón, porque éste determina el rumbo de tu vida. Evita toda expresión perversa; aléjate de las palabras corruptas. Mira hacia adelante y fija los ojos en lo que está frente a ti. Traza un sendero recto para tus pies; permanece en el camino seguro. No te desvíes, evita que tus pies sigan el mal" (Proverbios 4:23-27).

Oremos juntas: *Señor, ayúdame a mantener la sensatez, la prudencia, la armonía y la ecuanimidad en toda circunstancia. Permíteme concentrarme siempre en "todo lo que es verdadero, todo lo honorable, todo lo justo, todo lo puro, todo lo bello y todo lo admirable" y a pensar siempre "en cosas excelentes y dignas de alabanza" (Filipenses 4:8).*

MI VALOR

El mejor aplauso que he recibido ha sido en el momento de mi más solemne fracaso: cuando pude abrir mi corazón ante mi esposo y decirle que no me sentía emocionalmente preparada para someterme a otro tratamiento hormonal para quedar embarazada.

Mi esposo me dijo: "Tu amor por mí es suficiente. No necesito tener hijos para ser feliz en nuestro matrimonio. Yo te amo." Fue un momento íntimo donde los únicos testigos éramos nosotros y por supuesto nuestro Testigo Eterno: Dios. Fue una declaración de su amor incondicional aceptando a la mujer que él ama. Limitaciones y posibles estigmas culturales o religiosos no callaron sus labios, más bien le hicieron expresar su amor de la manera más sencilla e impactante.

Cuando mi esposo me amó al hablarme aquellas palabras de aceptación, me liberó para poder encarar mis propias preguntas concernientes a esta situación. El amor de nuestros esposos nos inspira a amarlos y es como una lucecita que nos muestra lo brillante del amor sublime de Dios, frente al cual todo lo demás resulta irrelevante, oscureciéndose ante tan imponente luz. Esto también le ocurrió a Ana; ella escuchó esta misma declaración de la boca de su esposo, Elcana. Esta afirmación la liberó, haciéndola correr desesperada a los pies de Dios para rogarle por un hijo (1 Samuel 1:8-10).

Yo tuve la misma actitud: corrí a Dios y le abrí

¿Qué requiere el Señor tu Dios de ti? Sólo requiere que temas al Señor tu Dios, que vivas de la manera que le agrada y que lo ames y lo sirvas con todo tu corazón y con toda tu alma.

DEUTERONOMIO 10:12

mi corazón. Dios me sanó de una herida mayor de la que no tenía consciencia: mi sospecha del amor de Dios. Después de dejarle en oración todas mis preguntas y problemas, Dios me llevó por un camino nuevo, el camino de la adopción de mis dos hijos, para mostrarme la calidad de su amor, porque él me adoptó como hija y con eso él confirmó, de una vez y para siempre, su eterno amor por mí.

Ese mismo Dios que pareció permanecer callado y no se movió para ayudarme ante mi condición de mujer infértil fue el mismo que organizó, en respuesta a esa oración desesperada, todos los detalles de la adopción de mis dos hijos, David y Julia. Todos los detalles necesarios se dieron de la manera más insólita: en Rusia, dos niños, de dos orfanatos distintos, dos familias biológicas diferentes, adoptados en un período de tres meses. Eso fue un milagro. ¿Qué puedo decir ante tan exuberante despliegue de poder? Que yo soy débil y él es fuerte, y su respuesta a nuestras sospechas es siempre "Sí, yo te amo."

Como si fuera poco, tres años más tarde, cuando el mundo financiero se venía abajo, mi esposo oró a Dios por ayuda y Dios se ideó la manera de pagar milagrosamente 100 por ciento de los gastos asociados con la adopción de nuestros hijos. Ayer, mientras me miraba en el espejo, Dios me dijo: "Rebeca, mi respuesta a las oraciones justas de mis hijos es: '¡Sí!, te amo. ¡Sí!, te amo y te lo voy a probar. ¡Sí!, te amo y te voy a disciplinar. ¡Sí!, te amo y voy a poner a prueba tu obediencia.'"

¡Qué privilegio tan grande es ser su hija! Esta victoria de Dios en mi vida me enseñó que cuando enfrentamos problemas y circunstancias adversas, lo que está en juego no es la reputación de Dios. Los problemas no son una prueba para verificar la bondad de Dios o el poder de Dios; esto es axiomático. Cuando afrontamos problemas, lo que se debate es nuestra calidad de hijos.

Somos hijos obedientes o desobedientes, hijos educados o malcriados, necios o sabios, ignorantes o entendidos; se debate nuestra decisión y capacidad de obediencia. Yo quiero ser una hija obediente. Deuteronomio 8:2

dice: "Recuerda cómo el SEÑOR tu Dios te guió por el desierto durante cuarenta años, donde te humilló y te puso a prueba para revelar tu carácter y averiguar si en verdad obedecerías sus mandatos."

Oremos juntas: *Señor, ¡qué privilegio tan grande es ser tu hija! Me propongo ejercitar mi valor al afrontar las circunstancias adversas y los problemas de mi vida recordando mi calidad de hija tuya y confiando diariamente en ti.*

EL TESTIGO ETERNO

"Ella dijo: 'Tú eres el Dios que me ve'" (Génesis 16:13).

Un día, en la cocina de mi casa, me encontré observando a una pata y a sus quince patitos nuevos.

Esta pata en particular era muy especial para mí porque eligió mi casa para hacer su nido, y allí en mi patio, ella decidió hacer suya mi casa. Yo pude ver cuando ella se sentó para colocar cada huevo y para cuidarlos durante días hasta el momento en que nacieron los quince patitos. Todos en la familia, incluyendo mis hijos, gozaron al ver a los patitos salir de los huevos.

Tomamos fotos y las enviamos a nuestros amigos en Facebook. Este día, en particular, estaba observando cómo la pata se llevó a todas sus crías alrededor del lago, y me encontré cavilando: *¡Qué pocos testigos de su vida!* Lo que más me impactaba era ver a la pata haciendo las cosas para las que ella fue creada para ser y hacer. Al observarla detenidamente, me di cuenta de que ella no se veía corriendo, angustiada, ansiosa; ella era sólo una pata con quince patitos.

La experiencia de observar a este animalito me recordó que el tener testigos de que hemos vivido es una necesidad importante para todo ser humano. Esto me llevó a reflexionar en el hecho de que existe un testigo que es un común denominador para aquella pata, para mi vida y también para la tuya: Dios es el Testigo Eterno. La realidad es que

Aun cuando yo pase por el valle más oscuro, no temeré, porque tú estás a mi lado. Tu vara y tu cayado me protegen y me confortan.

SALMOS 23:4

tenemos que vivir con el propósito de alabar a nuestro Creador, el cual es también el Testigo Eterno de nuestra vida.

Uno de los deseos más profundos de nuestro corazón es tener a alguien que pueda dar testimonio de que hemos vivido. Hemos distorsionado esta necesidad de tener testigos de nuestra existencia mediante la participación en la búsqueda y adquisición de otros testigos. Esto nos lleva a vivir una vida desesperada, donde existimos no para traer gloria a Dios sino a nosotras mismas. Parecería que siempre encontramos otra manera de calmar esta ansia y sed del alma escondiéndonos de él. Es así como perdemos la consciencia de que la vida es hermosa: se nos olvida que la vida en sí misma es un regalo si la vivimos relacionadas con el Dador de la vida. Ocultamos nuestra necesidad de Dios y alimentamos nuestra hambre por su maná como lo hacen los niños marginados de las calles: con goma para pegar zapatos. Por falta de verdadero alimento, los niños de las calles se intoxican con sustancias que actúan en ellos como anestesia para el hambre. El alimento que recibimos de las Escrituras es fundamental para lograr una existencia llena de paz y confianza. No uses sustitutos nocivos para tu salud espiritual.

Creo que parte de la razón de buscar otros testigos es que ignoramos o se nos olvida que Dios es realmente accesible y se preocupa por nosotras. Él te da la bienvenida a casa. Jesús dijo: "Cuántas veces quise juntar a tus hijos como la gallina protege a sus pollitos debajo de sus alas, pero no me dejaste" (Lucas 13:34).

Yo me he atrevido a darle un nombre a Dios, pasando por experiencias de deseos no cumplidos, de no ser entendida, de no sentirme amada, de éxitos y de fracasos. Me he dado cuenta de que él es mi Testigo Eterno. Hoy soy consciente de que Dios es mi Testigo Eterno, y esta verdad ha moldeado mi vida en todos los roles que tengo en la tierra, incluyendo la manera en que administro las funciones más visibles como escritora, conferencista o anfitriona de programas de radio y televisión. Aun cuando estoy ocupada en esas labores donde muchos me ven, yo mantengo mi enfoque en Aquel que siempre me ve.

Mi esposo es la persona más cercana a mí y a mi corazón; él es testigo de mi vida. Trabajamos juntos, jugamos juntos, reímos juntos, por eso hemos incrementado nuestra intimidad. Sin embargo, Dios es mi testigo aun cuando nadie me ve: él es testigo de mis triunfos, mis celebraciones, pero también es testigo de mi vida en el hogar con mis hijos y mi esposo. Él es testigo de cada uno de mis pensamientos. Dios es el Testigo Eterno de mi vida, pero no es un testigo pasivo; más bien, él es un testigo activo en mi vida, porque su presencia cambia todo. Yo he sido llamada a estar consciente de su presencia y por eso lo llamo mi Testigo Eterno.

Oremos juntas: *Señor mi Dios y mi Testigo Eterno, sé que el propósito principal de mi vida es alabarte y agradecerte porque tú eres el Creador. Guíame cada día a la alabanza, a la adoración y a recordar que sólo en comunión contigo puedo vivir una existencia llena de paz, de seguridad y de confianza.*

LAS VARIABLES
ESPIRITUALES

El divorcio es como un virus que puede resultar muy contagioso y que se puede adquirir fácilmente en los medios sociales. Por ejemplo, tu amigo en Facebook está en trámites de divorcio y sus sentimientos acalorados se transmiten en sus comentarios de la misma manera en que se transmite un virus. Como toda indisposición, es interesante notar que los virus y las enfermedades se pueden contagiar. Sin embargo, la buena salud no es contagiosa.

Soy ingeniera de sistemas y los números siempre han sido mi pasión: "Uno más uno son dos." A decir verdad, esto no es lo único que se estudia en la lógica matemática, pero es seguro que esta expresión tan simple nos lleva a entender que en matemáticas se piensa con precisión. Como ves, no se puede improvisar ni fantasear con las matemáticas ni con las reglas físicas del universo. Una de las características de las reglas físicas y matemáticas es la exactitud, así que cuando tratamos de introducir ciertas variables en las relaciones, la fórmula no da resultado. Por ejemplo, aún recuerdo la época en que mi esposo y yo teníamos una relación matrimonial perjudicial. La variable que había añadido era: "Mi esposo no me ama." En realidad, esta variable estaba equivocada . . . ¡era una simple mentira! Así que era mi responsabilidad reconocer el error.

Por eso es importante entender que todos los

Lo más importante de todo es que sigan demostrando profundo amor unos a otros, porque el amor cubre gran cantidad de pecados.

1 PEDRO 4:8

pensamientos que vienen a nuestra mente no son nuestros o de Dios. El enemigo de nuestras almas también nos inyecta sugerencias. Si nos acogemos a la razón únicamente, la "fórmula matemática" nos puede fallar de plano. Lo terrible de las mentiras del enemigo es que al igual que a un computador se le introduce un virus tecnológico, las mentiras del diablo se transmiten de persona a persona como si fueran un virus.

Existe también lo que yo llamo "variables espirituales." Dios me dio una revelación hace ya un tiempo y he compartido esta enseñanza en mi libro *Confesiones de una mujer desesperada*, donde señalo que "al alimentar la mente con PAN, me olvidé de degustar su MANÁ." Con la palabra PAN establezco una fórmula matemática femenina que nos puede dejar desesperadas:

PAN = Pensamientos Automáticamente Negativos

En cuanto al MANÁ de Dios, tengo también otra fórmula muy eficaz:

MANÁ = Más Amor, No Ansiedad

El conocimiento del amor de Dios nos libera y nos lleva a la verdad sobre nosotras, nuestros semejantes y las circunstancias. A veces pensamos que uno más uno son dos, pero debemos tener presente que las fórmulas espirituales contienen variables que no percibimos. Algunas de estas variables son las sugerencias y las mentiras que nos envían el diablo y sus agentes. Otras variables espirituales son el poder y la sabiduría de Dios.

Así que no importa tu circunstancia ni cómo creas que va a ser el resultado lógico. Tu fórmula cambiará por completo de acuerdo con las variables que decidas usar. Tal vez esto sea un poco matemático para algunas, pero no es más que lo que dice la Palabra: "Llevando cautivo todo pensamiento a la obediencia a Cristo" (2 Corintios 10:5, rv60). Por lo tanto, toma los hechos, las realidades que ves, y llévalos cautivos a la obediencia a Dios. De esta manera serás capaz de incluir en la fórmula de tu vida su poder para vivir una vida plena. De lo contrario, el enemigo te engañará introduciendo patrones de comportamiento que te llevarán siempre por un camino de muerte.

Una vez que mi esposo y yo inyectamos el amor de Dios en nuestra vida y comenzamos a sacar el PAN de nuestra relación matrimonial, la fórmula romántica comenzó a dar resultados de nuevo. Te invito a que tú también hagas lo mismo.

———————————

Oremos juntas: *Señor y Padre celestial, permíteme reconocer a tiempo las variables mentirosas que nos acechan cada día. Sólo en ti y en tu Palabra puedo encontrar la verdad para mi vida. Sólo en tu poder y en tu sabiduría encuentro la paz, la gracia y la confianza para lidiar con las cargas de cada día.*

LA ACEPTACIÓN

Quisiera compartir contigo esta historia de mi viaje a Israel porque fui transformada por lo que Dios decidió hacer conmigo allí.

En Israel, Dios me hizo sentir su amor y su cuidado de una manera muy especial. ¡Me sentí abrumada por sus atenciones!

Israel. *Israel* es una palabra en sí misma, de igual manera que lo es la palabra *amor* para mí. En serio, aunque tenía previsto celebrar nuestra renovación de votos matrimoniales, lo que sucedió en Israel fue fantástico. ¡Nadie podría pagar suficiente dinero para conseguir el gran despliegue de celebración que disfrutamos! Todo fue planeado desde el cielo. Fue un evento divino y de naturaleza profética. Yo no podría pagar para que cinco o seis fotógrafos profesionales estuvieran allí disponibles y dispuestos, pero allí estaban ellos porque viajaban junto con nosotros. ¡Fue un regalo! Verdaderamente un regalo divino.

Lo significativo de nuestra visita a Israel tiene relación con lo que estaba aconteciendo en nuestra vida antes del viaje. Los meses previos a nuestro viaje a Israel habían sido difíciles para nosotros. Dos o tres semanas previas al viaje, en una playa solitaria en Brasil, estuve reflexionando sobre los eventos del año pasado y tenía muchos pensamientos negativos tales como: *Debí haber hecho esto* y *Tal vez si no hubiera hecho esto o aquello.* Le pedí al Señor que me perdonara y dejé allí todos mis pensamientos

Somos la obra maestra de Dios. Él nos creó de nuevo en Cristo Jesús, a fin de que hagamos las cosas buenas que preparó para nosotros tiempo atrás.

EFESIOS 2:10

de remordimiento. Temprano, a la mañana siguiente, Dios me habló en lo que parecía un sueño liviano y directo a mi corazón: "Sería bueno que renovaras tus votos matrimoniales." Pensé en ello como una penitencia. Una extraña manera de Dios para hacerme pagar mi pecado. Dios sabía que cuando me cansara de encontrar a la culpable en mí, entonces yo iría a Brian y encontraría en él un blanco fácil de culpa. Así, el resentimiento y la amargura se alinearían para marcar un gol en el cerebro de esta oveja, pero qué bueno que tenemos un pastor, el Buen Pastor del que nos habla David en el Salmo 23.

Me alegro de que ambos obedeciéramos. Ese mismo día renovamos nuestros votos en la playa con algas marinas como testigos a nuestros pies. Brian dijo: "Podríamos hacer esto otra vez en Israel." Así que, tres semanas más tarde, navegando en el mar de Galilea, renovamos nuestros votos con la bendición judaica y luego en la iglesia de San Pedro a la orilla del mar de Galilea. Creo que me estoy haciendo vieja, porque ahora puedo ver cómo el tiempo está todo fundido en el pasado, presente y futuro.

Nuestro viaje completo a Israel es lo que yo llamo un Ebenezer en nuestras vidas. La Biblia dice: "Samuel tomó una piedra grande y la colocó entre las ciudades de Mizpa y Jesana. La llamó Ebenezer (que significa 'la piedra de ayuda') porque dijo: '¡Hasta aquí el Señor nos ha ayudado!'" (1 Samuel 7:12). Yo elijo levantar este evento sobre todos los demás en mi vida. Samuel solía viajar cada año a visitar el altar de piedras que alzó en el lugar donde Dios le dio la victoria; pero también es necesario señalar que en el pasado una o dos veces fue derrotado en ese mismo lugar.

¿Qué evento en tu matrimonio eliges levantar en tu vida por encima de los demás? ¿Tu compromiso matrimonial, o la última discusión que tuvieron?

El Señor sabe que yo habría insistido en permanecer en el pasado, pero él insistió en mostrarme nuestro futuro: Somos su Amada Novia.

Mi identidad ha sido marcada por este evento, pues me dio una visión práctica de lo que soy para Dios. En una boda, el novio le dice a su novia:

"Te amo." Esta declaración "Te amo" es de compromiso, pero es también de celebración. Es un "Te amo" y "Quiero exhibirte al mundo como el objeto de mi amor." Imagínate ahora cómo me sentía yo en esa silla en la que me levantaron navegando en el mar de Galilea, donde el Señor me paseó en un bote sobre ese mismo mar en el que Jesús navegó y que es testigo de que el viento más feroz le obedece. Hoy, yo quiero levantar este evento y ponerlo por encima de todos los otros eventos de mi vida, porque cuando esté atravesando una tormenta, ya sea financiera o de salud, recordaré que todavía el viento más feroz le obedece y que él puede traer a mi vida una calma igualmente feroz.

La celebración de una boda es también el momento en que el novio te garantiza que estás segura: "Nunca más te llamarán 'La ciudad abandonada' ni 'La tierra desolada'. Tu nuevo nombre será 'La ciudad del deleite de Dios' y 'La esposa de Dios', porque el SEÑOR se deleita en ti y te reclamará como su esposa" (Isaías 62:4). Lo más hermoso de este momento es que mi identidad está segura en Cristo y como novia suya, soy novia del Rey formando parte de este mundo, porque él pagó por mí. Cuando Dios el Padre me mira, me ve como a la novia de su Hijo, como su esposa, y en su amor, soy aceptada y celebrada. Por esta razón quiero vivir una vida de consagración a mi Dios.

Oremos juntas: *Señor, mi alma se estremece al considerar cuánto amor y bendición me brindas al considerarme tu Amada Novia. Gracias, Dios mío, por deleitarte en mí y por reclamarme como tu esposa. Mi corazón te alaba, te bendice y se regocija en tu misericordia y en tu bendito amor incondicional.*

Nuestras relaciones íntimas: Fruto en abundancia

Para nosotros es común el pensar en nuestra ocupación cuando pensamos en dar fruto, pero Jesús habló de ello en el contexto de nuestras relaciones.

Ciertamente, yo soy la vid; ustedes son las ramas. Los que permanecen en mí y yo en ellos producirán mucho fruto. . . . Cuando producen mucho fruto, demuestran que son mis verdaderos discípulos. . . . Este es mi mandamiento: ámense unos a otros de la misma manera en que yo los he amado. . . . Les encargué que vayan y produzcan frutos duraderos, así el Padre les dará todo lo que pidan en mi nombre. Este es mi mandato: ámense unos a otros.

JUAN 15:5, 8, 12, 16-17

EL RESPETO MUTUO

Mike Huckabee, pastor bautista y ex gobernador de Arkansas, quien también fue candidato presidencial, fue entrevistado sobre su creencia en la veracidad del principio matrimonial que se encuentra en Efesios, donde dice: "La esposa debe someterse en todo a su marido" (Efesios 5:24).

Mike explicó muy claramente que la sumisión no implica que uno de los cónyuges sea superior al otro, sino que es la manera correcta en que ambos cónyuges muestran el afecto y la sumisión en el Señor.

Mike Huckabee prosiguió enseñando doctrina cristiana en frente de todos los televisores del país, agregando que el casamiento no es un trato de 50–50 donde cada socio aporta 50 por ciento; bíblicamente, el casamiento es un trato de 100–100. Esto es, cada socio aporta 100 por ciento de su devoción al otro. Finalizó afirmando: "Es por eso que el matrimonio es una institución importante, porque nos enseña cómo amar." Con esta declaración pública, el pastor y ex gobernador Mike Huckabee se ganó mi respeto.

¿Qué diferencia hay entre un líder y un gerente? La diferencia está en que el líder provee la visión y el gerente es el que la lleva a cabo. Muchas veces, en el hogar, tenemos la idea errónea de que si el hombre es el líder, él tiene que imponer las reglas, y los demás tienen que seguirlo pasivamente. Lo correcto es que el hombre como líder del hogar

La mujer bondadosa se gana el respeto, pero los hombres despiadados sólo ganan riquezas.

PROVERBIOS 11:16

debe proveer dirección. En el área financiera, por ejemplo, el esposo debe establecer las estrategias financieras que fortalezcan la unión, mientras que la esposa lo puede ayudar en la gerencia cotidiana de los pagos, las compras, etc. Muchas veces, la ayuda que un hombre necesita en el área financiera es que su esposa lo apoye trabajando cuando sea necesario. En otra área, por ejemplo, el esposo debe definir cuáles son las herramientas que se van a usar en la crianza de los hijos, mientras que la esposa debe aportar su opinión y ayudar en la gerencia del día a día. El esposo que provee un sólido liderazgo permite que su esposa maneje con precisión las áreas que él mismo le delega.

No obstante, el respeto al esposo es más profundo que sólo mantenerse fiel a los compromisos y a las áreas asignadas a nuestra responsabilidad. Recuerdo el día que me pasé de pequeños insultos con mi esposo. Dios me llevó a la confesión de un pecado concreto —la falta de respeto—, lo cual fue doloroso y humillante para mí y muy difícil, por lo que traté de esquivarlo y justificarlo. Sin embargo, cuando me humillé y pedí perdón, me quité un gran peso y experimenté más cercanía con Dios y con mi esposo. La manera en que honramos a nuestros esposos determinará si tendremos éxito. Nuestro fracaso se puede rastrear hasta el día en el que decidimos no honrar al que debimos honrar, y en el matrimonio debemos honrar nuestros contratos, compromisos y promesas.

Oremos juntas: *Señor, permíteme recordar siempre tu exhortación en 1 Pedro 2:17: "Respeten a todos." Te pido perdón, Dios mío, por todas aquellas veces en las que no respeté a la persona con la que estaba tratando. Te ruego que dispongas el corazón de esas personas para que también me perdonen y poder restablecer las buenas relaciones. En el nombre de Jesús lo pido sinceramente.*

LA BUENA COMUNICACIÓN

Mis amados hermanos, quiero que entiendan lo siguiente: todos ustedes deben ser rápidos para escuchar, lentos para hablar y lentos para enojarse.

SANTIAGO 1:19

Se usa la expresión "a buen entendedor pocas palabras." Sin embargo, en mi relación con mi esposo muchas veces lo he tratado de bruto. Esto es porque casi siempre le digo lo que quiero comunicar, lo explico y luego le explico la explicación, y si él no llega a la misma conclusión o si le digo algo y él no se da por enterado, o se hace el que no entiende, yo podría sólo decirle: "A buen entendedor pocas palabras bastan," como diciendo: "Si no entiendes es porque no quieres, porque más claro . . . no lo puedo explicar." Sin embargo, yo recurro a volverlo a explicar . . . lo que los sicólogos califican de "hostigamiento." ¡Qué palabra tan fea para una mujer que se considera inteligente y que, según ella, su único pecado es no resignarse a la aparente brutalidad de su marido!

Si no sabemos escuchar realmente, no vamos a lograr una comunicación eficaz. Tenemos que aprender a hablar y también a escuchar. ¿Quién podrá ayudarnos a nosotras las mujeres cuando hablamos con nuestros esposos? Esa es la razón por la que hablamos y repetimos, porque parece que no nos entienden.

Sin embargo, debo admitir mi error ya que Dios me pidió una vez que hablara 50 por ciento menos. Yo le respondí: "¿Cómo sé cuándo voy por la mitad?" A lo que él me contestó: "Yo te aviso."

"Yo los escuché y en el proceso encontré mi propia voz," exclamó con pasión Hillary Rodham

Clinton, candidata a la presidencia de Estados Unidos, al ganar las elecciones primarias en New Hampshire. No soy partidaria de esta candidata en particular, aunque admiro su deseo y compromiso para liderar nuestro país. No obstante, la razón por la que la menciono es porque pienso que su frase haría maravillas en un matrimonio, ¿no es verdad?

Con el paso de los años, deseo poder decir: "Brian, yo te escuché y en el proceso encontré mi propia voz." ¡Así cualquier matrimonio tiene posibilidades de ganar! Ganar requiere escuchar activamente de tal manera que las palabras asertivas y de buena voluntad del otro nos vayan transformando en algo único: un matrimonio saludable.

La comunicación sana entre esposos es una habilidad que se puede aprender. La comunicación saludable tiene dos ingredientes: hablar con sinceridad y asertivamente, y escuchar activamente las palabras de nuestro cónyuge. La mejor manera de aprender es practicando. Te invito a que tomes la decisión de tener una conversación diaria con tu cónyuge en la que expreses tus deseos, sueños e inquietudes, y que a la vez escuches los sueños, deseos e inquietudes de tu cónyuge con la misma intensidad que utilizas para hablar.

Además de aprender a escuchar, elegir sabiamente el momento para hablar sobre cosas serias en el matrimonio es toda una ciencia. Si no aprendemos a elegir el tiempo y el lugar para tratar nuestros temas de índole sensible, tendremos serias discusiones y pocas resoluciones. Una buena regla a seguir es el evitar los momentos que ya están llenos de tensión, como por ejemplo cuando alistamos a los niños para ir al colegio en las mañanas, o cuando tu esposo entra por la puerta después del trabajo.

Recuerdo la historia de una mujer que solía recibir a su esposo después de un viaje de negocios con la palabra "Problemas." Esta era literalmente su bienvenida a casa. La mujer se quedaba con sus cinco hijos y un perro durante muchos días, y cuando su esposo regresaba de viaje, ella le planteaba todos los problemas que había tenido que enfrentar sola mientras él no estaba en casa. Lastimosamente, este matrimonio se derrumbó. En

su lugar, yo te propongo que antes de traer a colación los temas difíciles y complicados, elijas un momento cuando ambos estén descansados, cuando se tenga un poco de paz y tranquilidad, y cuando la otra persona esté abierta y preparada para tener una discusión seria.

Oremos juntas: *Señor, entiendo lo importante y necesario que es establecer una buena comunicación para mantener buenas relaciones. Suplico tu sabiduría y tu discernimiento para establecer buenas y maravillosas relaciones con todos.*

EL DIÁLOGO

Se dice que uno de los mayores problemas en el matrimonio tiene que ver con la comunicación en pareja. Tanto la falta de comunicación como la comunicación deficiente en el matrimonio son parte de los motivos que las parejas utilizan para el divorcio; también las personas que nos solicitan consejería la mencionan como una de las áreas de mayor conflicto en el matrimonio.

A pesar de que muchas veces tenemos la tendencia a superespiritualizar todas nuestras circunstancias, he aprendido que parte de lo que nos sucede en la vida viene como resultado de nuestras acciones, y por lo tanto, nos iría mucho mejor si cada una se hiciera responsable. Así que en esta área de la comunicación hay cosas pequeñas y prácticas que marcarán la diferencia en tu hogar. ¿Qué tal si comenzamos con hacer cambios sencillos como, por ejemplo, si tu cónyuge quiere hablar, deja tu teléfono celular a un lado o apaga el televisor? En segundo lugar, mira directamente a tu cónyuge a los ojos cuando estén hablando. En pocas palabras: Demuestra que te importa lo que él tiene que decir. Ah, y además, esta sugerencia es también buena para cuando uno de nuestros hijos quiere hablar con nosotras. Practica estos hábitos por un tiempo y verás cómo la comunicación en tu hogar no será más un desafío sino por el contrario un gozo y un privilegio.

Una de las herramientas para la comunicación en

> *No empleen un lenguaje grosero ni ofensivo. Que todo lo que digan sea bueno y útil, a fin de que sus palabras resulten de estímulo para quienes las oigan.*
>
> EFESIOS 4:29

pareja que me ha servido muchísimo es la de "tomar un descanso." Esta es una herramienta útil para la pareja cuando el conflicto comienza a salirse de control y el ambiente se comienza a caldear. Una forma de evitar el conflicto antes de que empiece es pedirle a tu cónyuge tomar un descanso. Digamos que ustedes están tratando un tema delicado y la conversación comienza a tornarse muy intensa y las palabras feas comienzan a saltar.

Este es el momento indicado cuando uno de ustedes debe tratar de volver a la calma y decir: "Vamos a tomar un descanso."

Por supuesto, esto es más fácil de decir que hacer. Recientemente, mi esposo y yo tuvimos una discusión acalorada. Al principio seguí mi propio consejo y sugerí tomar un descanso para poder refrescarnos. Pero unos minutos más tarde abrí la boca para hacer otra observación más al respecto . . . y es ahí cuando las cosas se pusieron realmente calientes. Así que para ser eficaces, ambas partes deben ponerse de acuerdo en cumplir con tomar un descanso.

En esta situación, colocamos un plazo dentro de las próximas veinticuatro horas para traer nuevamente el tema a discusión. No es bueno tratar de escapar de los temas conflictivos, pero sí es aconsejable darnos un tiempo para retomar un tema complicado. Tú eres responsable de lo que harás en esas veinticuatro horas. ¿Llamarás a tus amigas para seguir la discusión sin tu marido? Pues yo te recomiendo que le lleves esa carga a Dios en oración y le pidas sabiduría al Espíritu Santo. Si es así, cuando retomen la conversación, ustedes ya habrán tenido el tiempo para pensar con calma sobre el tema y decidir decirles "no" a los insultos y a los gritos.

Oremos juntas: *Señor de misericordia, permíteme establecer diálogos fructíferos con todas y cada una de las personas de mi entorno. Te agradezco por darme sabiduría y discernimiento para evitar conflictos y malos entendidos. Que en cada oportunidad de diálogo prevalezca el respeto y la consideración para gloria de tu nombre.*

LA RESPONSABILIDAD

Esta semana le confesé a mi esposo que mientras escribía descubrí que tengo un problema grande con la falta de paciencia. Al escuchar mi declaración, mi esposo me miró con incredulidad: "¿Y hasta ahora lo descubres?," me dijo.

Bueno, tal vez yo ya tenía una cierta sospecha de ello, pero lo que realmente me impactó es la forma en que la falta de paciencia afecta mis relaciones con los que más amo. ¡Esto es algo serio! Al mismo tiempo, le doy gracias a Dios porque me ha enseñado que debo mantener una actitud saludable en mi relación con mi esposo, responsabilizándome por mis acciones y mis malos hábitos.

El primer paso para hacernos responsables es aceptar nuestras fallas y luego confesárselas a nuestro cónyuge. Así que, a pesar de lo difícil que es aceptar que tengo problemas de paciencia, me alegro de saber que en el área de aceptar responsabilidad estoy caminando un poco mejor, pues ya me siento cómoda compartiendo mis debilidades con mi esposo, aunque él las conozca mejor que yo. Aceptar nuestra responsabilidad es el primer paso para vencer los obstáculos, derrumbar barreras y trabajar juntos por el mismo objetivo, para llegar a ser, más y más, uno y no dos.

Pablo nos dice en Gálatas 6:8: "Los que viven sólo para satisfacer los deseos de su propia naturaleza pecaminosa cosecharán, de esa naturaleza, destrucción y muerte; pero los que viven para agradar al Espíritu, del Espíritu cosecharán vida eterna."

[Una esposa virtuosa y capaz] está atenta a todo lo que ocurre en su hogar, y no sufre las consecuencias de la pereza.

PROVERBIOS 31:27

Si un jugador de fútbol practicara la cantidad de tiempo que un cristiano moderno utiliza para leer la Escritura y establecer su relación con Dios, creo que no llegaría con éxito a las finales del campeonato. Es increíble la negligencia que demuestran algunos cristianos en este aspecto tan importante de nuestra vida. El permitirse practicar este tipo de comportamiento en forma cotidiana los convierte en apáticos, flojos y haraganes espirituales. Esta actitud indolente hacia la Palabra arruinará la vida del hijo de Dios.

¿Estamos teniendo problemas en nuestras relaciones maritales? Asumamos nuestra responsabilidad. Una manera de saber en dónde estamos fallando es usando la lista de los frutos del Espíritu.

¿Cómo te sientes en cuanto al dominio propio? ¿La humildad? ¿La fidelidad? ¿La bondad? ¿Estás siendo paciente? ¿Siembras paz en tu hogar? Si sales bien de este autoexamen, entonces no te canses de hacer el bien; pero si tus respuestas denotan enfermedad, te animo a que dejes la pereza y te levantes en el poder del Espíritu de Dios a vivir una vida que primero le agrade a él. No dudes que a su debido tiempo cosecharemos si no nos damos por vencidas.

Ser felices en el matrimonio requiere que cada una de nosotras acepte su responsabilidad y se haga un autoexamen, porque en el matrimonio podríamos decir que un mejor "yo" hará un mejor "nosotros." Así que una vez más, si nos hacemos un autoexamen, ¿cómo saldríamos en cuanto al dominio propio? El dominio propio es uno de los frutos del Espíritu Santo que está ligado a importantes cualidades del carácter humano como la moderación y el balance. Para algunas de nosotras la palabra *moderación* no está incluida en el diccionario. Ser moderadas es evitar caer en extremos.

Debido a que el dominio propio es uno de los frutos del Espíritu Santo, el cristiano puede aspirar a tenerlo porque esa es la voluntad de Dios para nuestras vidas. Su Espíritu en nosotras lo puede producir. Son muchas las amonestaciones de la Biblia con respecto al dominio propio. En el área financiera, por ejemplo, Salomón nos dice en Proverbios 21:5:

"Los planes bien pensados y el arduo trabajo llevan a la prosperidad, pero los atajos tomados a la carrera conducen a la pobreza." Cuántos dolores nos podríamos evitar si domináramos nuestra tendencia natural de actuar sin pensar o planear. También debemos buscar la moderación en nuestras emociones. Nunca debemos enojarnos al punto de pecar. La Biblia nos dice: "No pequen al dejar que el enojo los controle" (Efesios 4:26).

Oremos juntas: *Señor, es mi mayor anhelo agradarte en todo lo que pienso, hablo y hago. Te ruego, bendito Señor, que me ayudes a vivir responsablemente y en constante reflexión para desarrollar todos los frutos que el Espíritu Santo nos ofrece.*

LA INTIMIDAD

Recuerdo cuando Brian y yo estábamos de novios. Una de las razones por las que nos hicimos amigos fue el hecho de que teníamos algunas cosas en común que otros estudiantes en nuestra escuela del frío estado de Minnesota no tenían. Por ejemplo, los dos sabíamos lo que era comer frijoles y arroz todos los días y saludar a nuestros amigos con besos. No obstante, había diferencias. El arroz de Brian es siempre con ajo y los frijoles son siempre negros. Yo saludaba con un beso, él saludaba con dos o tres, etc. Para ser íntimos necesitamos conocernos y para conocernos debemos dejarnos descubrir.

La tarea de conocerse no es para el noviazgo solamente, sino para toda la vida, debido a que cambiamos y a que las circunstancias cambian. El compromiso de conocernos y de dejarnos descubrir tiene que ser para toda la vida. Aunque yo conozca la cultura brasilera, cada individuo es único y sus circunstancias también lo son. Por ejemplo, no todas las mujeres que han pasado por el dolor de la infertilidad son como yo. Tengo que escucharlas y no puedo fingir que ya las entiendo a todas sólo porque compartimos una experiencia común en la vida. La genética, la historia, las situaciones, el plan de Dios —todas estas variables nos hacen diferentes.

Yo creo que las familias no hablan lo suficiente entre ellas como para profundizar en asuntos

Vive feliz junto a la mujer que amas, todos los insignificantes días de vida que Dios te haya dado bajo el sol. La esposa que Dios te da es la recompensa por todo tu esfuerzo terrenal.

ECLESIASTÉS 9:9

importantes que atañen directamente a la vida de sus hijos. Después de escuchar hablar a tantas familias, me he dado cuenta de que no comparten suficiente tiempo.

Es aconsejable tener mucho cuidado en mantener conversaciones suficientemente relevantes que nos lleven a desarrollar verdadera intimidad en el hogar. Este tipo de conversación no se debe sostener con nadie más en la calle. No debemos permitir participar a otros donde sólo el cónyuge tiene derecho.

Si en tu hogar los miembros de tu familia sólo se comunican unos veintiséis minutos a la semana, ¿en qué ocupan su tiempo entonces? Bueno, creo que hemos decidido encontrar placer en otras cosas y abandonamos el hogar.

Las tiendas nos ofrecen placer. ¿Sabías que cuando vas de compras y regresas con un paquete o con regalos a tu hogar esta actividad te proporciona un placer momentáneo? Por eso a las mujeres nos encanta salir de compras y traer algo de la tienda a la casa.

Sólo Dios puede entrar donde ni aun nosotras mismas hemos estado. ¿Por qué buscas el placer efímero en las bolsas de una tienda y dejas de buscar la verdadera vida plena y abundante que él nos ofrece?

Es muy común ver familias divididas y a cada uno de sus miembros viviendo en un mundo individualista. Nosotras podemos encontrar placer en nuestros hogares con nuestros seres queridos, pero para eso debemos comunicarnos y continuar en la búsqueda de descubrir cosas nuevas en nuestro cónyuge.

También está el hecho de lo gratificante que puede ser el sexo para las esposas, lo cual no se encuentra en el sexo casual, porque en el matrimonio podemos incrementar la intimidad con nuestro cónyuge y fortalecer nuestra relación matrimonial mediante el ejercicio de relaciones sexuales saludables y satisfactorias para ambos. Otra fuente de placer y satisfacción está en la contemplación del rostro de nuestros hijos y nietos. Creo que el agradecimiento que sentimos por el milagro de tenerlos tiene el efecto de hacernos sentir rejuvenecidas. Por lo menos, ¡esto me ocurre a mí! Mirar a tus hijos y nietos con amor te rejuvenece.

Es mi deseo instarte a disfrutar de tus seres queridos descubriéndolos y amándolos más cada día.

_____

Oremos juntas: *Amado Jesús, ayúdame a encontrar placer y satisfacción en las relaciones con mis seres queridos, mediante el ejercicio de una buena comunicación que fomente la intimidad y el diálogo. Reconozco que mis relaciones son un regalo tuyo, que me traen placer y satisfacción. En las relaciones con mi esposo permíteme desarrollar la intimidad necesaria para fortalecer nuestra relación matrimonial y así poder brindar un hogar adecuado para nuestros hijos. Señor, quiero caminar todos los días contigo y así desarrollar nuestra preciosa intimidad.*

EL EJEMPLO

Es interesante descubrir, al leer las historias de los grandes hombres y mujeres de la Biblia, que ninguno de ellos tuvo una vida fácil, pero todos los que hoy consideramos héroes obtuvieron una victoria espiritual que sobrepasa cualquier estímulo material que se les hubiera ofrecido.

La historia de Daniel, por ejemplo, está llena de desafíos. En todas las circunstancias, él fue fiel y actuó con sabiduría, buscando la dirección divina con el deseo de honrar a Dios siempre. Daniel no tenía nada más en su vida; sólo tenía a Dios.

Daniel fue llevado cautivo desde muy joven a un lugar lejos de su tierra natal y de su familia, donde vivió privado de su libertad. A Daniel le tocó vivir una nueva vida con aspectos desconocidos y en una cultura cuyas costumbres, comparadas con las hebreas, le resultaban probablemente —y por decir lo mínimo— desagradables. No hay mención de que Daniel se casara o tuviera hijos. Su vida fue abruptamente arrancada de la comodidad de lo conocido a un mundo totalmente extraño, diferente y en cautiverio. No se le dio la oportunidad de elegir qué estudiaría y a qué oficio se dedicaría. Esas decisiones le fueron impuestas por un gobierno cruel y dictatorial.

Daniel tuvo muchas pérdidas; la verdad es que lo perdió todo. Perdió todo lo que había disfrutado en el pasado y todo lo que una persona pudiera desear para su futuro. ¡Qué bendición que Daniel no se

Tendré cuidado de llevar una vida intachable, ¿cuándo vendrás a ayudarme? Viviré con integridad en mi propio hogar. Me negaré a mirar cualquier cosa vil o vulgar.

SALMOS 101:2-3

enfocó en todo lo que había perdido —su familia, su posición de nobleza en medio de su pueblo, su herencia, su tierra, su oportunidad de tener una esposa e hijos—, sino que se enfocó en lo único que le quedaba en su exilio en Babilonia: el conocimiento del Dios Altísimo. La vida de Daniel es un testimonio de excelencia al caminar con Dios y servirlo.

Leyendo la historia de Daniel y conociendo el resultado final —los mensajeros no lo mataron a pesar de que el rey decretó matar a todos los sabios, y los leones no lo despedazaron en el foso—, fácilmente se nos olvida que estos problemas los tuvo que vivir Daniel, y pasó por ellos victorioso en sabiduría y valor antes de llegar a su lugar de destino. De igual manera, a muchas de nosotras cuando estamos pasando por problemas se nos olvida preguntarnos cómo están relacionados esos problemas con nuestro destino. No hay destino divino que no se alcance mediante batallas y luchas. Necesitamos aprender a batallar por las cosas espirituales.

La mejor promesa en medio de las dificultades es la que Dios nos da: él estará con nosotras. "No te fallaré ni te abandonaré" (Josué 1:5).

Los huracanes de la vida son una oportunidad para pintar un cuadro perfecto de redención que nos demuestra el amor de Dios de una manera práctica. La pregunta que nos debemos hacer es: ¿Estamos dispuestas a encarar los problemas con el deseo de conocer una faceta más del poder redentor de Dios?

La ballena que se tragó a Jonás podría haber sido su tumba o el vehículo para llevarlo a una nueva oportunidad de vida, pero Jonás, dentro de la ballena, tuvo que decidir si se quedaba allí llorando y sintiendo lástima de sí mismo, o si clamaba y esperaba la salvación milagrosa de Dios. Cuando enfrentemos las tormentas, porque ellas vienen, debemos elegir el camino de la redención, aquel camino de fe en lo que él nos ha susurrado en el oído mientras meditamos en su Palabra. No te quedes sentada en actitud de víctima; arrodíllate, clama y espera por su consejo que te llevará a la liberación sobrenatural y que te capacitará para ayudar a otros que pueden encontrarse enfrentando las mismas tormentas y dificultades.

En nuestro hogar hemos adoptado 2 Corintios 1:3-4 como nuestro lema de familia: consolar a otros con el mismo consuelo que hemos recibido del Señor. Cuando contamos la historia del dolor de la infertilidad o de nuestras relaciones rotas o el camino difícil de una adopción que no se concretó, no contamos la historia para que los detalles sean la estrella; la estrella es él, quien nos consuela en todas las circunstancias. Daniel entendió que lo único que le quedaba de su vida en Israel era lo único que necesitaba, porque Daniel fue un hombre que en todo momento colocó a Dios como supremo en su vida.

Oremos juntas: *Padre celestial, confieso que me es muy difícil seguir el ejemplo de nuestro Señor Jesucristo, porque aunque trato de hacer lo mejor posible, muchas veces los huracanes de la vida me llenan de desaliento y de temor. En esos momentos, Señor, te ruego que me recuerdes claramente tus palabras en Josué 1:5: "No te fallaré ni te abandonaré."*

LAS PRIORIDADES

Existen muchos beneficios para la mujer que mantiene una vida sexual activa y plena. Uno de ellos es la lozanía de su piel, particularmente del cutis, pero además, una mujer casada que se siente sexualmente satisfecha con su esposo tendrá un mejor perfil psicológico y más vitalidad.

Los investigadores de Psicología David Buss y Cindy Meston descubrieron 237 motivaciones que las personas tienen para involucrarse en relaciones sexuales. Sus trabajos de investigación han sido publicados en la revista *Archives of Sexual Behavior* (Archivos de conducta sexual).[1]

Las motivaciones más populares variaron desde las mundanas (aburrimiento) hasta las espirituales (mayor acercamiento a Dios) pasando por las altruistas (bienestar personal del otro) y las manipuladoras (lograr una promoción). Todas estas son razones incorrectas que las personas dan para sostener relaciones sexuales fuera del matrimonio. A diferencia de todas estas "razones" para tener sexo con alguien, las relaciones sexuales con nuestro cónyuge deben tener como motivo principal fortalecer la intimidad.

En el matrimonio, es nuestra responsabilidad y prioridad satisfacer los deseos sexuales de nuestro cónyuge. Así lo establece la Biblia: "El esposo debe satisfacer las necesidades sexuales de su esposa, y la esposa debe satisfacer las necesidades sexuales de su marido" (1 Corintios 7:3).

Si leemos el capítulo 7 de esta carta que Pablo le

Honren el matrimonio, y los casados manténganse fieles el uno al otro. Con toda seguridad, Dios juzgará a los que cometen inmoralidades sexuales y a los que cometen adulterio.

HEBREOS 13:4

escribe a la iglesia que se encontraba en la ciudad de Corinto, una ciudad con fama de promiscuidad sexual entre sus habitantes, vemos que uno de los componentes del sexo en el matrimonio es el respeto mutuo, comenzando por respetar los derechos sexuales que se adquieren a través del matrimonio. "La esposa le da la autoridad sobre su cuerpo a su marido, y el esposo le da la autoridad sobre su cuerpo a su esposa" (1 Corintios 7:4).

El sexo en el matrimonio no se puede dejar para cuando tengamos tiempo de sobra; tenemos que hacerlo una prioridad. Muchas veces debemos sacar algo de nuestras vidas para poder tener más tiempo para tomar nuestra responsabilidad sexual seriamente con nuestro cónyuge.

Nunca está de más el educarnos en esta área, comprar libros adecuados y leerlos juntos para poder crecer en nuestra intimidad sexual y no caer en las tentaciones sexuales de nuestro mundo y cultura. Si existe algún problema, debe ser conversado en pareja con mucho respeto y cuidado, pero debemos hablar. Si no podemos hacerlo solos, debemos buscar la ayuda de un consejero matrimonial. Como en todas las áreas de una relación, el área sexual puede tener sus propios obstáculos. Quizás hablar de sexo nos haga sentir inhibidas o nuestras creencias sobre el mismo sean diferentes. Es por esto que la conversación en respeto y confianza puede traer claridad, luz y sanidad.

Mis motivos para tener relaciones sexuales con mi esposo deben ser fortalecer la intimidad, expresar el amor, establecer una conexión emocional y sentirme emocionalmente cerca de mi esposo.

Oremos juntas: *Señor, dame sabiduría y entendimiento para establecer prioridades conforme a tu Palabra. Te ruego que reines en mi corazón y que siempre te glorifiques en mi vida. Yo entiendo que tú requieres de mí que viva de la manera en que te agrada, que te ame y que te sirva con todo mi corazón y con toda mi alma. Yo me dispongo a obedecer siempre tus mandamientos porque tú eres la prioridad en mi vida.*

LA EDUCACIÓN

Recuerdo cuando Brian y yo recién nos casamos. Siempre estábamos listos para salir y aventurarnos en nuestro carro de doce años de vida.

Recuerdo la ocasión en que nos invitaron a una fiesta de bodas de nuestros compañeros del seminario y tuvimos que viajar unas doce horas para llegar al lugar. No teníamos vacaciones pendientes en el trabajo del instituto bíblico, así que tuvimos que salir el fin de semana para estar de regreso el día lunes temprano, a las ocho de la mañana. Si no llegábamos a tiempo, nos podían colocar una multa o tendríamos que afrontar otras consecuencias. Así que el domingo en la noche, Brian estaba súper cansado y me tocó el turno de conducir de madrugada durante unas horas.

Yo manejé muy bien; no sentía nada extraño —sólo que de vez en cuando, el terreno producía unos ruidos extraños y la verdad es que no entendía por qué esas carreteras tenían tantas imperfecciones. Bueno, llegamos a nuestro destino, y cuando Brian me preguntó cómo me sentí manejando, le respondí que la carretera no estaba muy buena y que había que tener cuidado con las imperfecciones del camino. Él me hizo unas cuantas preguntas más y me explicó que lo que pasaba era que yo estaba quedándome dormida mientras manejaba.

Sin embargo, eso no podía ser —yo no recordaba haberme dormido. ¿Cómo puede pasar eso? ¡Yo no sabía que las personas podían quedarse dormidas manejando! Lo que tampoco sabía era que

Una casa se edifica con sabiduría y se fortalece por medio del buen juicio. Mediante el conocimiento se llenan sus cuartos de toda clase de riquezas y objetos valiosos.

PROVERBIOS 24:3-4

estaba en peligro de muerte. No obstante, sí lo estaba. Esta experiencia me recuerda cómo ignoramos las reglas y los peligros que nos acosan a diario, y que en el matrimonio también ocurre lo mismo.

Desplegamos las mismas actitudes y contestamos de cierta manera, pero no sabemos a qué camino nos conducen estas acciones. Por la gracia de Dios, muchas veces no acontece nada malo, pero el peligro está siempre eminente. Lo que no sabemos que no sabemos puede ser lo más peligroso en nuestras relaciones; esto es, lo que no sabemos que no sabemos acerca de construir relaciones fuertes y saludables.

También tengo recuerdos de estar caminando por encima del río en Minnesota. Fue durante el invierno y estaba nevando. Nosotros no sabíamos que estábamos caminando sobre un río o un lago. Lo que vimos fue nieve y colocamos el pie y parecía terreno firme. Mis amigos y yo nos fuimos a caminar y no nos dijeron que caminábamos sobre un lago. Anualmente mueren muchas personas por hacer exactamente esto. Nos dejamos llevar por la necedad de otros. Si otros lo hacen, nosotras también lo hacemos sin pensar en las consecuencias.

Es interesante que en la sicología secular, el experto John Gottman, profesor de la University of Washington, ha decidido llamar "Los cuatro jinetes del Apocalipsis" a acciones comunes y corrientes en el matrimonio que muchas de nosotras hacemos pensando que son inofensivas e inclusive creyendo, a veces, que son buenas.[2] Después de realizar una amplia investigación sobre las relaciones de pareja, Gottman ha determinado que existen cuatro elementos muy destructivos que pueden causar estragos en las relaciones. Él hace referencia al relato bíblico que nos habla de los cuatro jinetes del Apocalipsis, los cuales son precursores de la destrucción por venir. Al igual que en nuestras relaciones.

Lo interesante de su descubrimiento es lo común de los nombres de estos jinetes de muerte. Los cuatro jinetes son: la crítica, el desprecio, la actitud defensiva y el bloqueo. Cada uno de estos "jinetes" son formas de reaccionar con tu pareja sin esforzarte por hacer algo bueno y diferente.

El conocimiento salvará tu vida y tus relaciones. La verdad nos hace libres para elegir mejor liberándonos de patrones arraigados y, por consiguiente, eximiéndonos de las consecuencias de dichos patrones.

Persistir en hábitos destructivos de comportamiento frecuentemente conlleva la muerte de la relación matrimonial. Es común que utilicemos estos elementos de destrucción en nuestra vida cotidiana, sin saber que estamos envenenando nuestras relaciones más preciosas.

Estos patrones destructivos de comportamiento no son sólo comunes sino, en cierta manera, comunes, habituales y automáticos. Cuando el ser humano se siente atacado, reacciona tratando de atacar a su vez o de huir. Al hacer esto utiliza una parte de su cerebro cuya característica principal es la irracionalidad.

No continúes por ese camino. La próxima vez que estés frente al conflicto, para, piensa, decide —y después actúa de acuerdo a tus valores cristianos.

Oremos juntas: *Dios Todopoderoso, cuán importante es la educación en nuestras vidas para librarnos de los peligros que nos acosan cada día debido a nuestra ignorancia. Te doy gracias por tu bendita Palabra, que me educa y es lámpara en mi camino para evitar la destrucción.*

LA AFINIDAD

¿Quién es tu amiga íntima? Tu amiga íntima es aquella con la que conversas de cosas íntimas. Aquella que te entiende sin muchas palabras.

Existen muchas clases de amistades a las que no consideramos íntimas. En Facebook, por ejemplo, sólo puedes llegar a tener 5.000 amigos. Cuando llegas a 5.000 amigos, tienes que evaluar tus relaciones, y puedes abrir una página de "me gusta" o "fan." Esto tiene mucho sentido; uno no puede ser amigo de todo el mundo, porque la amistad requiere tiempo. Sin embargo, Facebook ha definido la "amistad en Facebook" como algo que tú puedes tener con 5.000 personas, lo cual implica una amistad superficial.

A diferencia de lo que el cantante brasileño Roberto Carlos nos recita en su canción: "Yo quiero tener un millón de amigos, y así más fuerte poder cantar," creo que me sería difícil manejar la amistad de un millón de personas —pero nuestro ministerio "Matrimonios Saludables" en Facebook probablemente sí podría sostener un millón de amigos que quieran unirse para fortalecer sus matrimonios y los de su comunidad.

Una persona con muchos amigos probablemente muestra una actitud amigable en su vivir diario. Una actitud amigable está basada en amor y respeto mutuo. En consecuencia, es posible sostener relaciones amigables con personas que no piensan igual que uno. No obstante, una amiga íntima es alguien

Como el hierro se afila con hierro, así un amigo se afila con su amigo.

PROVERBIOS 27:17

Ya no los llamo esclavos, porque el amo no confía sus asuntos a los esclavos. Ustedes ahora son mis amigos, porque les he contado todo lo que el Padre me dijo.

JUAN 15:15

que, aunque no piense igual que tú, tiene afinidad contigo en las cosas más importantes y trascendentales. Todas tenemos amistades que además son vecinos, o amigos de Facebook, familiares, mentores, compañeros de trabajo, etc. Por definición, llamamos amigas a aquellas personas que se relacionan con nosotras y con las que compartimos por algún motivo de afinidad.

Existen también los amigos por conveniencia. La Biblia nos dice: "Las riquezas atraen muchos amigos; la pobreza los aleja a todos" (Proverbios 19:4). Conozco el hecho de que el colombiano Gabriel García Márquez, premio Nobel de literatura, era amigo del que fue mi profesor de matemáticas en la secundaria, el profesor Luis Correa. Yo era la estudiante favorita del profesor Correa y él fue instrumental en mi decisión de estudiar Ingeniería de Sistemas. "Segebre [mi apellido de soltera] es un coco," solía decirme con orgullo, y yo le creí. En alguna ocasión, Gabriel García Márquez dijo lo siguiente acerca de su amistad con el profesor Luis: "Lucho y yo somos amigos de verdad, porque nos hicimos amigos en la infancia, cuando los dos éramos inocentes y no había malicia."

Para que exista amistad se requiere de afinidad, pero también es necesario dedicarle tiempo. Mi mentora me ha dicho que ya no puede aceptar más amistades, y ella no se refiere a su cuenta de Facebook. Ella expresaba que a sus amistades les dedica mucho tiempo y el tiempo es lo más escaso, finito y preciado. Quizás tienes doce amistades muy cercanas y de esas doce tal vez consideres a dos o tres de ellas como amigas íntimas, y probablemente consideres a una como la más íntima.

Una de las amistades más íntimas es la amistad entre cónyuges. Es interesante señalar que la palabra *amiga* se encuentra diez veces en el libro de Cantares. Salomón habla de la esposa como su amiga: "He aquí que tú eres hermosa, amiga mía; he aquí que tú eres hermosa; tus ojos entre tus guedejas como de paloma" (Cantares 4:1, rv60). Definitivamente, si estás casada, tu esposo es tu amigo más íntimo.

Oremos juntas: *Señor, gracias por permitirme desarrollar amistades afines y sabias. Ayúdame a cultivar siempre relaciones fructíferas y maravillosas. Yo quiero ser siempre una amiga leal y comprometida a pesar de las circunstancias. Señor Jesús, gracias por el ejemplo de amistad y de amor que nos dejaste.*

LA ARMONÍA

En nuestras sesiones de consejería hemos tratado a muchas parejas que dirigen su hogar como si fuera un reino dividido en feudos. ¿Recuerdan a los señores feudales de la historia latina? Pues ellos continúan en plena carrera en el siglo XXI en muchas familias.

Los feudos en una familia adquieren diferentes formas: por ejemplo, cuando lo que le pertenece al padre y lo que le pertenece a la madre está totalmente dividido y demarcado, y sólo uno de ellos gobierna sobre un área específica. En estos hogares, algunos aspectos son circunscripción del padre y otros de la madre, y como no existe la comunicación, tampoco hay unidad de pensamiento. Por ejemplo, cuando se trata de manejar las finanzas, sólo uno de los cónyuges es el que toma las decisiones según su criterio dejando de lado al otro cónyuge. Es entonces cuando estamos dividiendo el hogar en feudos. Aunque cada persona puede y debe tener un rol particular en el hogar, no debe ocultar asuntos ni mantener secretos de su cónyuge. Busca hoy la unidad en tu hogar.

Una casa dividida le parece a Jesús una cosa innatural; de esto nos habla cuando dice: "Una familia dividida por peleas se desintegrará" (Marcos 3:25). En otras palabras, si esa familia fuera una casa, se desmoronaría, caería y se arruinaría. Si estuviéramos hablando de un negocio, terminaría en bancarrota. Si se tratara de un equipo de fútbol tendrían que estar

Como dicen las Escrituras: "El hombre deja a su padre y a su madre, y se une a su esposa, y los dos se convierten en uno solo".

EFESIOS 5:31

convencidos totalmente de ganar el campeonato, de otra forma podrían ser vencidos. ¿Es esto lo que deseamos para nuestros hogares? Si no cultivamos la unidad y la armonía, nuestro hogar no quedará en pie; no podrá subsistir. Esto es lo que nos dice Jesús: cuando la unidad se acaba, ha llegado el fin. Las divisiones se generan en el hogar cuando adoptamos posiciones antagónicas, como si el esposo y la esposa estuvieran en dos equipos diferentes y ambos estuvieran tratando de ganar. La próxima vez que estén en una discusión, recuerden que ganar es importante, pero debe ganar la relación, pues los dos forman parte del mismo equipo.

Una familia dividida por desavenencias se derrumbará. Del mismo modo, una familia dividida por discusiones y pequeños reinos no puede permanecer. Estas son las palabras de Jesús en Marcos 3:25. Hay hogares en los que no existe unidad pues todas las conversaciones y temas a debatir son motivo de discusión y contienda. La unidad en cualquier relación se logra mediante la buena voluntad para con las otras personas y la integración al equipo, ya sea para terminar una tarea, llevar a cabo una responsabilidad o para poder vivir en armonía en el hogar.

En el hogar, la unidad perfecta llega con el tiempo. La Biblia dice: "El hombre deja a su padre y a su madre, y se une a su esposa, y los dos se convierten en uno solo" (Génesis 2:24). La unidad en el matrimonio está en ese "convertirse en uno solo" que se logra como resultado de las decisiones diarias en buena voluntad hacia el cónyuge.

Oremos juntas: *Señor creador del universo, soy consciente de la armonía con que sostienes todo lo que existe. Ayúdame a sembrar diariamente relaciones armoniosas en todo y con todos. Bendíceme para restablecer la unidad y la armonía en todos los aspectos de mi vida.*

LA SERENIDAD

La clase de fruto
que el Espíritu
Santo produce
en nuestra vida
es: amor, alegría,
paz, paciencia.

GÁLATAS 5:22

Paciencia, según el diccionario, es la habilidad de soportar la espera, la lentitud, o la provocación sin irritarnos o trastornarnos. Salomón nos dice: "Los que tienen entendimiento no pierden los estribos; los que se enojan fácilmente demuestran gran necedad" (Proverbios 14:29).

La impaciencia está considerada aquí como falta de sabiduría. Lo cual es muy interesante, porque normalmente la impaciencia se da en nosotros cuando sentimos que los demás son menos rápidos en una actividad o en el crecimiento o en la madurez. La buena noticia es que el Espíritu Santo trabaja de manera que la paciencia en nosotros se puede desarrollar e incrementar; esto es, en los cristianos, que hemos recibido el regalo de la salvación por medio de Cristo Jesús, y que por lo tanto tenemos el Espíritu de Dios como arras de nuestra herencia.

Desarrollar la paciencia es una tarea importante para nuestra vida en el hogar, porque es la que nos hace perseverar y la que también nos ayuda a mantener la calma cuando encaramos situaciones difíciles.

La Biblia coloca la paciencia como una meta para todo cristiano. Dios valora la paciencia y nos amonesta sobre las consecuencias de ser impacientes. En Proverbios leemos que "el que pierde los estribos con facilidad provoca peleas; el que se mantiene sereno, las detiene" (Proverbios 15:18).

La paciencia es esencial en el manejo de nuestra familia; no sólo es uno de los frutos del Espíritu Santo, sino también una de las virtudes que definen el amor. En su primera carta a la comunidad cristiana en Corinto, Pablo nos dice que existen muchos dones, los cuales son dignos de buscar y de alcanzar, pero que debemos tomar un camino mejor: el camino del amor. Y de allí comienza a describir el amor, y la primera palabra que usa es *paciencia*. "El amor es paciente y bondadoso. El amor no es celoso ni fanfarrón ni orgulloso ni ofensivo. No exige que las cosas se hagan a su manera. No se irrita ni lleva un registro de las ofensas recibidas. No se alegra de la injusticia sino que se alegra cuando la verdad triunfa. El amor nunca se da por vencido, jamás pierde la fe, siempre tiene esperanzas y se mantiene firme en toda circunstancia" (1 Corintios 13:4-7).

Si no tenemos paciencia, se nos dificulta ser amables; si no tenemos paciencia, será fácil ser groseros; si no tenemos paciencia, será difícil soportar todas las cosas; podríamos concluir entonces que para amar como Dios nos lo pide, necesitamos ser pacientes.

Oremos juntas: *Misericordioso Señor, crea en mí un espíritu sereno y paciente para manifestar tu amor a todas las personas que encuentre en mi camino y así llevar gloria a tu bendito nombre. Haz de mí un instrumento de tu santa paz.*

LA AMISTAD

No finjan amar a los demás; ámenlos de verdad. Aborrezcan lo malo. Aférrense a lo bueno. Ámense unos a otros con un afecto genuino.

ROMANOS 12:9-10

Me invitaron a participar en un programa de radio que trataba el tema de la amistad entre mujeres. Así que pensé que debíamos buscar la definición de *amistad*. En mi preparación bíblica, sin embargo, sentí que una de las primeras cosas que Dios quería era presentar las cualidades que necesitamos desarrollar para convertirnos en una "buena amiga" y no para juzgar la sinceridad de nuestras amistades.

No obstante, es importante ser consciente de la calidad de nuestras amistades y decidir qué clase de amigos queremos cultivar realmente.

Una amiga es aquella con la que te relacionas, conversas y compartes debido a que existe un vínculo afín. La amistad es una de las relaciones más hermosas del ser humano.

Existen diferentes tipos de amistades. Hay amigas buenas y malas. En las Sagradas Escrituras encontramos la historia de Rut y Noemí, que se utiliza como ejemplo clásico de lo que implica ser una buena amiga íntima. Rut le expresó a su suegra, Noemí, su decisión de quedarse a su lado: "No me pidas que te deje y regrese a mi pueblo. A donde tú vayas, yo iré" (Rut 1:16). Creo que Rut y Noemí tenían una buena amistad que les trajo cosas buenas. Rut decidió persistir en su amistad y no abandonó a Noemí en su hora más amarga.

Es importante señalar que aun las personas malas tienen buenas amistades. Existe una historia en 2 Samuel 13 que nos habla de cuatro protagonistas. Normalmente nos concentramos en los tres personajes relacionados al rey David y los catalogamos como los más importantes de la historia: Absalón, el hijo de David; su hermana Tamar y su medio hermano Amnón. Sin embargo, esta terrible historia termina en tragedia sólo después de que el amigo de Amnón lo aconseja sobre cómo alcanzar su macabro objetivo.

La narración termina en desastre para todos los involucrados. Te animo a que leas la historia con calma usando la Nueva Traducción Viviente para mayor claridad. Este relato es evidencia de que las amistades son aquellas con las que tú encuentras cierta afinidad. Por eso, lo primero que quiero recordarte acerca de la amistad es que hay amistades peligrosas.

Te invito a que hagas un inventario de tus amistades y coloques al lado de sus nombres aquello que tienen en común contigo. Si tus amistades están relacionadas a alguna actividad dañina, a algo oscuro o a un pecado dominante en tu vida, entonces, esas amistades son peligrosas. Te aconsejo que te alejes de ellas. La Biblia nos enseña: "No te hagas amigo de la gente irritable, ni te juntes con los que pierden los estribos con facilidad, porque aprenderás a ser como ellos y pondrás en peligro tu alma" (Proverbios 22:24-25).

Tus amigos son parte de tu historia, por eso es importante elegir bien las personas con quienes te relacionas. ¿Qué imagen tendrían de ti las personas si reunieras a todos los que consideras tus buenos amigos? ¿Qué crees que piense Dios sobre tus amistades? ¿Qué clase de amiga eres tú? ¿Eres una buena amiga?

Oremos juntas: *Señor Jesús, tú eres "el amigo por excelencia." Te agradezco y te bendigo por todas las maravillosas amistades que has traído a mi vida. Por todas y por cada una de ellas elevo una fervorosa oración para que las bendigas siempre y abundantemente.*

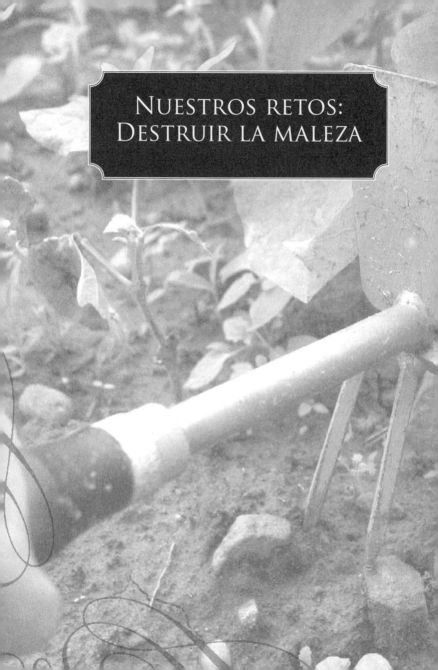

NUESTROS RETOS:
DESTRUIR LA MALEZA

No creas que es posible dejar crecer las malezas en tu jardín sin que ahoguen las hermosas plantas que con tanto esfuerzo has sembrado. Por lo tanto, vale la pena dedicarte a identificar y echar fuera lo que afecta la salud de tu jardín.

Esfuércense por vivir en paz con todos y procuren llevar una vida santa, porque los que no son santos no verán al Señor. Cuídense unos a otros, para que ninguno de ustedes deje de recibir la gracia de Dios. Tengan cuidado de que no brote ninguna raíz venenosa de amargura, la cual los trastorne a ustedes y envenene a muchos.

HEBREOS 12:14-15

EL ABANDONO

¿Crees que tu presencia en la vida de tus hijos hace alguna diferencia en sus vidas? Si así lo crees, déjame decirte que tu ausencia en la vida de ellos también marcará una diferencia.

Hoy en día las parejas tienden a usar la palabra *divorcio* muy liberalmente, sin detenerse a pensar en las consecuencias que ocasiona en su vida futura y en la de sus hijos. Generalmente, los problemas aumentan cuando los hijos viven con padres divorciados. Sé que existen madres y padres solteros, y personas divorciadas que son excepcionales, pero sé también que lo logran con profundo esfuerzo.

Existen muchos padres que no sólo se divorcian sino que abandonan a sus hijos después de que el divorcio los lleva a vivir a otro lugar. La realidad de nuestros días es que el divorcio es una salida que muchos toman. No estoy para juzgar a nadie que haya tomado este camino; lo que sí quiero hacer es recordarte que tus hijos necesitan tanto de la presencia de su padre como la de su madre para poder desarrollarse en todas las áreas de su vida y que si no estás presente, ellos lo notarán.

Hay algunos padres que al divorciarse, se desentienden de sus hijos, y es como si los hubieran abandonado. Sin embargo, también hay otros padres que abandonan a sus hijos en medio del nido familiar. Muchos no se divorcian, pero igual viven vidas *ausentes* con sus cónyuges y para con

Como a los que cuidan de la higuera se les permite comer del fruto, así serán recompensados los empleados que protegen los intereses de su patrón.

PROVERBIOS 27:18

sus hijos. Si estás en esta situación, te invito a que medites a dónde te lleva esa actitud y decidas decirle sí al cambio.

Algunos de los beneficios que los hijos reciben al contar con la activa presencia de sus padres en su vida son: seguridad, sentido de protección y alimento emocional, recursos indispensables que ellos necesitan para poder desarrollar una vida sana y feliz.

En muchos hogares sin padres o con padres ausentes, es muy posible que el nivel de criminalidad aumente, poniendo en riesgo la educación de los hijos, ya que el rendimiento escolar de los niños que se sienten emocionalmente abandonados es mucho menor que el de los que proceden de hogares con relaciones estables.

Recuerda, si el estar presente en la vida de tus hijos causa una diferencia, entonces tu ausencia también marcará una diferencia. Decide estar presente en sus vidas y *siembra* tiempo con ellos. El día de mañana tendrás el gozo de cosechar por haber mantenido la estabilidad en tu hogar.

Oremos juntas: *Señor Jesús, tú experimentaste en carne propia el abandono aquí en la tierra. Te ruego que me proveas de la gracia y de la determinación necesaria para luchar contra el abandono que tiende a apoderarse y a destruir nuestras vidas.*

LA AMARGURA

Uno de los enemigos de un terreno fértil es la maleza. La maleza no se planta adrede, a consciencia; parece que llega sin que la invitemos.

La amargura es una maleza que hace que el corazón se vuelva infértil para las cosas buenas. La amargura se impregna en el corazón cuando después de que somos ofendidas dejamos que la decepción y el dolor nos lleven al orgullo y no de rodillas ante Dios. Si las circunstancias en tu matrimonio, con tus hijos o con un amigo te han llevado hoy a sentirte decepcionada, no le abras el corazón a la amargura; llévale tus problemas a Dios.

Estudiando las Escrituras he encontrado algunas de las condiciones para un terreno fértil:

desechar el enojo y aceptar la Palabra de Dios
(Santiago 1:20-21)
entrar a la presencia de Dios con corazón sincero
y con fe (Hebreos 10:22)
tener manos limpias y corazón puro
(Salmos 24:4)
paciencia (Hebreos 10:35-36)
sinceridad (Lucas 8:15)
llevar una vida intachable (Salmos 15:2-5)
experimentar la paz de Dios (Filipenses 4:7)
amar a Dios (Juan 14:21-23)
permitir que la Palabra de Dios llene nuestras
vidas (Colosenses 3:16)

Líbrense de toda amargura, furia, enojo, palabras ásperas, calumnias y toda clase de mala conducta.

EFESIOS 4:31

Recuerdo a una mujer que vino al frente en una de nuestras conferencias para pedir oración. Ella sólo le pedía a Dios que le diera más sabiduría para seguir trabajando y ayudando a restaurar familias. Recuerdo que antes de orar por ella, Dios me instó a preguntarle por el collar que llevaba puesto. Ella me explicó que ese collar era un regalo de su hijo varón. En ese instante vi que su rostro cambió, luego llorando, me dijo que su hijo se había alejado de Dios y que ella ya se había resignado.

Dios la llevó a esta reunión para decirle que él no es un Dios de resignación sino de Resurrección y que no nos debemos dar por vencidas en nuestras relaciones de familia. La resignación tiene una asignación y una tarea: eliminar algo en nosotras. La resignación trae amargura y aleja la esperanza, convirtiendo nuestro corazón en infértil e inútil para amar. Ese día, aquella mujer de Dios y yo oramos juntas para que Dios reconstruyera su relación con su hijo. La oración es eficaz y poderosa, y es la mejor manera de comenzar a limpiar la maleza de nuestro corazón.

¿Te has dado por vencida? ¿No quieres sentir el dolor de la relación rota y has endurecido tu corazón para que no te duela?

Te invito a que vuelvas a colocar tu corazón en el trabajo de reconstruir las relaciones que Dios te ha entregado como preciosas. La mejor manera de hacerlo es llevarlas en oración a Dios con sinceridad y fe. En la mano de Dios somos restauradas para ser usadas por él al realizar su obra y sus milagros en las vidas de otros. Dios nos quiere sanas porque así nos puede usar con eficacia en traer salud a nuestro hogar.

Oremos juntas: *Bendito Padre celestial, lléname de tu amor infinito para que ningún vestigio de enojo, impaciencia o amargura tenga cabida en mi corazón. Permíteme mantener siempre manos limpias y corazón puro, y llevar una vida intachable disfrutando de tu santa paz.*

LA DECEPCIÓN

En mi matrimonio experimenté una dosis normal de decepción, pero fallé en llevarle a Dios mi dolor. Si hoy te sientes así, quiero recordarte lo que dice la Biblia en el libro de Proverbios: "Sobre todas las cosas cuida tu corazón, porque éste determina el rumbo de tu vida" (Proverbios 4:23).

Muchos nos aconsejan "proteger nuestro corazón" de las amistades. De hecho, es sabio guardar nuestras emociones y nuestras expectativas en todas nuestras relaciones. Tenemos que ser sabias y no exponernos innecesariamente al dolor o a la decepción.

Incluso aquellas de nosotras que hemos tenido familias maravillosas, tal vez cristianas, sabemos que ningún padre es perfecto. Los seres humanos siempre nos van a defraudar en algún momento. Después de algún tiempo, una aprende que realmente no se puede vivir basando nuestra seguridad en las personas. Esperamos ser amadas por aquellos que están cerca de nosotras, pero cuando no es así, podemos sentirnos devastadas. Yo quiero recordarte que, ya sea que tengamos o no la dicha de contar con el apoyo de la gente que tenemos alrededor, nuestra seguridad debe estar en Dios. Él es quien nos creó y él nos ama como nadie más podría amarnos.

Los padres, el cónyuge y los amigos deben ser un estímulo para nosotras. Esperamos ser amadas por ellos y que su contribución sea positiva en nuestras

La preocupación agobia a la persona; una palabra de aliento la anima.

PROVERBIOS 12:25

vidas. Sin embargo, tenemos que recordar que sólo el amor de Dios no nos falla; todos los demás somos humanos y fallamos. No podemos pedirle a nuestro esposo que nos ame siempre de la manera que sólo Dios puede hacerlo.

Aunque es muy normal buscar el aliento y la aprobación de quienes nos rodean, no debemos permitir que la decepción nos arruine la vida y nos mate las esperanzas. No podemos vivir en frustración si no se realizan todas nuestras expectativas. Muchas de nuestras decepciones se deben a que no conocemos las funciones que ejercen nuestras relaciones. Por ejemplo, la Biblia nos dice que una de las funciones de un amigo es ayudarnos a crecer. Esto es evidente en el matrimonio, donde nuestro diario vivir con el cónyuge ofrece muchas oportunidades para crecer y madurar. Proverbios 27:17 nos dice: "Como el hierro se afila con hierro, así un amigo se afila con su amigo."

En esta vida necesitamos compañeros humanos, pero te invito a que también comiences a considerar a Dios como un compañero.

Hace algún tiempo, Dios colocó en mi corazón las palabras de Isaías 41:13: "Yo te sostengo de tu mano derecha; yo, el SEÑOR tu Dios. Y te digo: 'No tengas miedo, aquí estoy para ayudarte.'" Al día siguiente fuimos sorprendidos con noticias no muy buenas, pero recordé que él es mi compañero y que ya me había prometido, tal como lo hace hoy contigo: "No tengas miedo, aquí estoy para ayudarte."

Oremos juntas: *Mi Dios y mi Señor, soy consciente de lo indispensable que es tener presente en mi vida tu exhortación en Proverbios 4:23 a cuidar mi corazón para no exponerme innecesariamente al dolor o a la decepción. También me es necesario recordar que nadie podrá jamás amarme como tú. Por favor, Señor, guía mi corazón y permíteme escuchar siempre tus advertencias.*

EL CONFLICTO

¿A cuántas nos ha sucedido que queremos escapar, salir corriendo a un lugar lejano?

A mí me ha pasado, es más, en una oportunidad quise salir corriendo y le pedí a mi esposo que se fuera de la casa. La verdad es que yo no tenía a dónde ir, ya que mi madre no me daría la bienvenida en su casa después de decirle que estaba separándome de su amado yerno. Eso que hice con mi esposo fue actuar con brutalidad. Todavía me erizo al pensar en todas las cosas que podrían haber ocurrido como resultado de mi deseo de escapar rápidamente de mi situación.

La Biblia dice: "Delante de cada persona hay un camino que parece correcto, pero termina en muerte" (Proverbios 14:12; 16:25).

Este versículo nos enseña que a veces actuamos y vivimos con ciertos patrones de conducta que hemos aprendido, visto y utilizado siempre, creyendo que nos llevarán a algo bueno. Sin embargo, ignoramos el hecho de que ese camino nos conduce a la muerte de algo: una relación que pierde la vida, un órgano de nuestro cuerpo que se enferma, un negocio que se pierde; a todo le llega la destrucción.

Salir corriendo y escapar del conflicto para minimizar el dolor nunca traerá soluciones positivas a nuestros problemas.

Es interesante que David decía: "Confío en la protección del SEÑOR. Entonces por qué me dicen: '¡Vuela como un ave a las montañas para ponerte a salvo!'" (Salmos 11:1).

Sean comprensivos con las faltas de los demás y perdonen a todo el que los ofenda. Recuerden que el Señor los perdonó a ustedes, así que ustedes deben perdonar a otros.

COLOSENSES 3:13

La confianza en Dios es el antídoto a este sentimiento de fuga. Para David, huir, escapar, esconderse en el temor, dejarlo todo, es la manera de actuar de un animal indefenso. Esto es extraño ya que yo pensaba que tenía que ser fuerte para poder dejarlo todo.

El antídoto para nuestra tendencia natural a escapar es el de tomar la determinación de seguir la carrera hasta el final. Yo soy de las que declaro: "Con la ayuda de Dios, he decidido terminantemente que finalizaré la carrera y llegaré hasta el final."

Por lo tanto, hoy declaro que rehúso comprometer mis valores cristianos sólo para agradar a los demás. Rehúso mezclarme íntimamente con gente que, a pesar de conocer la Palabra, se opone a vivir según los estándares que la Palabra establece. Rehúso comprometer el beneficio y la recompensa que Dios me promete sólo para mantener a mis amigos felices conmigo. Rehúso involucrarme en negocios que reditúen grandes dividendos, pero que comprometan y maten el propósito de Dios en mi vida.

Decido ser como Daniel y comprometerme con Dios a pesar de la tragedia, las dificultades, las derrotas, los triunfos, las jerarquías, el foso de leones, etc., porque sé que en Dios tendré la recompensa de salir indemne y apoyada. Permaneceré al servicio de Dios y de la humanidad a pesar de las circunstancias, y sé que Dios coronará de éxito mis esfuerzos.

Si te encuentras en esta situación, te invito a que pienses en esto y digas en voz alta: "No soy fuerte ni débil si me quedo, no soy fuerte ni débil si me voy; la razón por la que no escapo es porque confío en el Señor."

———————————————

Oremos juntas: *Señor, líbrame de ejercitar patrones de conducta que sólo contribuyen al conflicto y a la infelicidad. Hoy declaro mi confianza absoluta en ti y en ese amor incondicional que con abundancia me prodigas para vivir la vida que tú has soñado para mí.*

EL RESENTIMIENTO

Te aseguro que el resentimiento destruye al necio, y los celos matan al ingenuo.

JOB 5:2

La Biblia habla de la amargura como una raíz que se arraiga en el corazón. Esta es una raíz venenosa que, según Deuteronomio 29:18-19, envenena a los que están a nuestro alrededor. El resentimiento y la falta de perdón nos pueden llevar a verlo todo negativamente, y estas actitudes pueden corromper nuestra mente dejándola confundida y sin dirección.

Uno de los inconvenientes de las actitudes es que son difíciles de definir y sólo se dan a conocer a través de acciones que parecen, a simple vista, no estar relacionadas. Una vez que identificamos una actitud y somos conscientes de ella, podemos decidir cambiar con la ayuda del Espíritu Santo. En el matrimonio, podemos ver las actitudes de nuestro cónyuge ya que vivimos juntos y observamos sus comportamientos más íntimos cuando nadie más está observando. Esto nos puede dejar con el deseo de sacarles el "palito del ojo" mientras que no vemos la "viga" en el nuestro. En el matrimonio nos ayudamos mutuamente a madurar, así que podemos ayudar al otro a "ver" su error, pero primero es necesario encargarnos de nuestra "viga," para tener autoridad moral y ayudar a nuestro cónyuge a ocuparse de su "palito en el ojo." Es necesario también solicitar la ayuda del Espíritu Santo ya que cuando se trata de nuestras relaciones íntimas, muchas tenemos filtros que nos impiden ver bien, pero el Espíritu es el que nos revela toda la verdad.

Recuerdo que en el pasado, estando casada con un hombre imperfecto, tenía la tendencia de permanecer en una actitud de víctima, lo cual me mantenía en un mundo de oscuridad. Dios quiere lo contrario para mí y una vez que lo entendí, me di cuenta de que mi actitud exigía un cambio y mi percepción necesitaba una renovación. Me di cuenta de que debía deshacerme de los esquemas mentales que afectaban mis actitudes frente a la vida, para cambiarlos por lo que Dios dice de mí y lo que él desea ver en mí. Él lo dice muy claro en su Palabra: "No imiten las conductas ni las costumbres de este mundo, más bien dejen que Dios los transforme en personas nuevas al cambiarles la manera de pensar" (Romanos 12:2).

La amargura puede llegar cuando tenemos acontecimientos trágicos en nuestra vida. Así le pasó a Noemí, la suegra de Rut. Noemí había salido de Belén, su ciudad natal, donde la comunidad estaba sufriendo la escasez de alimentos en esos momentos. Noemí salió con su esposo y muy pronto se pudo integrar a la sociedad de otro pueblo donde su familia adquirió alimentos y dinero, y sus dos hijos varones crecieron y se casaron con dos mujeres buenas. Un día Noemí perdió a su esposo y luego perdió a sus dos hijos. En el viaje de regreso a Belén, su pueblo natal, Noemí se encontró en compañía de otra mujer sola: la viuda de uno de sus hijos. A Rut le tocó escuchar lo inaudito de los labios de su suegra.

El relato bíblico nos dice que al llegar a su pueblo, la gente corrió a saludarla por su nombre: Noemí, el cual significa "placentera." Su respuesta a tan efusivo recibimiento fue: "No me llamen Noemí. . . . Más bien llámenme Mara, porque el Todopoderoso me ha hecho la vida muy amarga" (Rut 1:20). Si Noemí significa "placentera," Mara quiere decir "amarga." Noemí continuó su relato: "Me fui llena, pero el Señor me ha traído vacía a casa. ¿Por qué llamarme Noemí cuando el Señor me ha hecho sufrir y el Todopoderoso ha enviado semejante tragedia sobre mí?" (Rut 1:21).

El viento no se ve, pero se siente por lo que trae: lluvia, nieve, frío, calor. El viento no se ve, pero se siente por lo que trae cargado en él. ¿Qué cargas en tu espíritu? Nadie lo puede ver, pero golpea a los que vas tocando con lo que arrastras en tu espíritu. Resentimiento, rencor, odio.

Cuando hacemos las cosas enojadas, transmitimos enojo. Cuando estamos alteradas y hablamos, alteramos a los otros. A diferencia, "la respuesta apacible desvía el enojo" (Proverbios 15:1). El viento arrastra lo que encuentra a su paso. ¿Qué arrastras en tu corazón? ¿Qué cargas en tu espíritu? Nadie lo puede ver, pero sacude a los que vas tocando con lo que arrastras. Esperemos que los "sacudas" con libertad, amor, pasión y entusiasmo. Dile adiós a la amargura.

Oremos juntas: *Señor, confieso que el resentimiento ocupó gran parte de mi corazón y que la falta de perdón me tuvo atrapada por mucho tiempo. Te agradezco infinitamente, Padre mío, por ayudarme a desarraigar todos esos sentimientos negativos y por llenar nuevamente mi corazón con tu paz, con tu gracia y con tu bendito amor.*

LA IMPACIENCIA

¿Cuáles son las consecuencias de permitir que nos domine la impaciencia?

Bueno, lo primero es que corremos el riesgo de sentirnos inconformes, rabiosas con nosotras mismas y con los demás. Por ejemplo, trata de recordar el momento en el que te enojaste con el conductor que estaba delante de ti. La lentitud o la mala conducción o la inseguridad para cambiar carriles — todo esto nos empieza a impacientar . . . y nos roba algo: ¡la paz! Además de descuidar lo que estamos haciendo y hasta olvidar a dónde vamos, toda nuestra atención se enfoca en seguirle la pista al conductor inmaduro que está delante de nosotros.

La trampa aquí está en culpar al otro conductor sin percatarnos de que nuestra actitud impaciente es un problema mayor y más pernicioso para nosotras mismas. ¿Qué problema existe hoy en tu hogar como consecuencia de que permites que la impaciencia te domine? ¿Pierdes el control fácilmente? ¿Te irritas acusando a tu cónyuge o a tus hijos por su lentitud o porque no actúan como tú quisieras? Si tu respuesta es afirmativa, entonces necesitas el fruto del Espíritu de Dios en tu vida para adquirir su paciencia.

La falta de paciencia con nuestro cónyuge o con nuestros hijos nos puede hacer sentir irritadas, agitadas, frustradas, resentidas, ansiosas, agotadas, tensas, etc. A pesar de esta lista de sentimientos negativos, la trampa de la impaciencia está en que nosotras pensamos que el problema lo tiene el otro.

La paciencia puede persuadir al príncipe, y las palabras suaves pueden quebrar los huesos.

PROVERBIOS 25:15

Muchas veces, el problema no es que los otros sean lentos, sino que nosotras somos impacientes y los obligamos a caminar a nuestro ritmo. Otras veces, el problema no es que el otro no cambie, sino que no tenemos paciencia para mantener la relación, para perseverar y para mantener el compromiso matrimonial mientras ambos maduramos en diferentes áreas. Uno de los peligros más grandes de la falta de paciencia es ignorar las cosas positivas que hemos logrado al enfocarnos sólo en las que todavía no hemos logrado.

Si todo esto lo puede causar la impaciencia, entonces es una meta digna pedirle al Espíritu de Dios que produzca el fruto de la paciencia en nosotras.

Cuando sientes que la impaciencia te toca la puerta debido a que hay algo que no puedes cambiar, te desafío a que te concentres en algo que sí puedes cambiar. En Filipenses 4:4-5 se nos anima: "Estén siempre llenos de alegría en el Señor. Lo repito, ¡alégrense! Que todo el mundo vea que son considerados en todo lo que hacen." En Filipenses 4:6-7 somos exhortadas: "No se preocupen por nada; en cambio, oren por todo. Díganle a Dios lo que necesitan y denle gracias por todo lo que él ha hecho. Así experimentarán la paz de Dios, que supera todo lo que podemos entender."

Mantener la calma y ser consideradas con el cónyuge trae mejores resultados que ser impacientes.

Oremos juntas: *Amado Señor, la impaciencia es un veneno peligroso que nos hace sentir irritadas, agitadas, frustradas, resentidas, ansiosas, agotadas y tensas, y nos roba la paz del alma. En este día, te ofrezco mi corazón y todo lo que soy para que me libres de la impaciencia y me ayudes a vivir cada día tal como tú esperas según Filipenses 4:4-6: "Estén siempre llenas de alegría en el Señor. Lo repito, ¡alégrense! Que todo el mundo vea que son considerados en todo lo que hacen. . . . No se preocupen por nada; en cambio oren por todo. Díganle a Dios lo que necesitan y denle gracias por todo lo que él ha hecho. Así experimentarán la paz de Dios, que supera todo lo que podemos entender."*

LA IMPACIENCIA —PARTE 2

Alguna vez te has encontrado pensando: *¿Hay una manera correcta y otra equivocada de hacer las cosas?*

O: *¿Por qué será que todas las personas con las que entro en contacto eligen la manera equivocada?* O: *¿Por qué será que no me entienden la primera vez que les hablo y siempre me toca repetir todo?*

O tal vez has pensado: *Soy un caso perdido*, o quizás: *Debería hacer esto más rápidamente y mucho mejor de lo que lo estoy haciendo.*

A primera vista, estas afirmaciones parecen salir de la boca de una persona pesimista, pero si las analizamos mejor, son las expresiones de una persona impaciente. ¿Cómo lo sé? Existe una expresión que dice: "Cada ladrón juzga por su condición."

Por mucho tiempo mi esposo no entendía cómo una persona tan optimista como yo podía ser al mismo tiempo tan pesimista. Le explicaba que yo era "realista." La verdad es que no tiene nada que ver con eso. Mi problema es la falta de paciencia conmigo misma y con los demás. He decidido dejar que el Señor produzca en mí paciencia, porque no me gustan los frutos que mi impaciencia ha generado. La impaciencia produce desánimo, críticas, juicio; mientras que la paciencia que proviene del Espíritu Santo de Dios genera paz. Decide hoy qué fruto quieres producir en tu hogar.

Recuerdo los consejos que me daban los sicólogos cuando hablaba de todas las actitudes de mi esposo que yo consideraba inmaduras. "¡Señora,

Vale más la paciencia que el orgullo.

ECLESIASTÉS 7:8

deje de preocuparse y déjelo!" Era más o menos lo que todos me decían. Por supuesto, no eran sicólogos cristianos, ya que en el directorio de mi seguro de salud no había suficiente información para saber si el sicólogo era cristiano o no. En aquella época, yo no sabía realmente cuál era la respuesta a mis problemas maritales, pero sí sabía que la respuesta no era dejar a mi esposo. ¡Sólo quería que él cambiara! ¡Y no todo! Sólo que cambiara lo que a mí no me gustaba. A nadie se le ocurrió decirme: "Señora, téngase y téngale paciencia."

La impaciencia nos puede llevar a desechar a las personas cuando las cosas no funcionan tan rápidamente como nos gustaría. Sacrificamos nuestras relaciones con nuestros cónyuges y hasta con nuestros hijos porque no cambian tan rápida y exactamente como a nosotros nos gustaría. Lo más triste es que rompemos relaciones importantes prematuramente, apresuradamente y sin necesidad.

Si hoy fuiste impaciente, mi consejo es: Olvida lo que queda atrás. Pablo dice: "No quiero decir que ya haya logrado estas cosas ni que ya haya alcanzado la perfección; pero sigo adelante a fin de hacer mía esa perfección para la cual Cristo Jesús primeramente me hizo suyo" (Filipenses 3:12).

Dejemos la culpa y tomemos la decisión, de hoy en delante, de ser más pacientes. Di como Pablo: "Sigo adelante." Como cuando decidimos hacer dieta, si ayer comimos mucho más de lo que debimos, hoy no vamos a decir: "¡No tengo remedio, soy caso perdido, me comeré todo el pastel hoy!". ¡No! Probablemente dirás: "Dejo lo que queda atrás, en el pasado, para que no estorbe mi futuro. ¡Sólo miraré la meta!".

Como ejercicio, me gustaría que leyeras Colosenses 3:12-14 y que encuentres muchas cosas más que están bajo tu control. Ser paciente es algo que tú puedes decidir lograr.

Decide ser paciente y verás que aunque nadie cambia, restaurarás la paz en tu vida y en tu hogar.

"Espera con paciencia al Señor; sé valiente y esforzado; sí, espera al Señor con paciencia" (Salmos 27:14).

Oremos juntas: *Bendito Padre celestial, la impaciencia también genera desánimo, críticas, prejuicios, pesimismo y negatividad. Señor, recuérdame siempre tus palabras en Salmos 27:14: "Espera con paciencia al SEÑOR; sé valiente y esforzado; sí, espera al SEÑOR con paciencia."*

EL CONTROL

He confesado ya muchas veces mi deseo dañino por cambiar el comportamiento de mi esposo. Gracias a Dios desistí de mi necia e infructífera actividad. ¡Hoy puedo decirte que Brian no ha cambiado! Él todavía hace las mismas cosas que a mí me molestaban.

Por ejemplo, hace un tiempo, estábamos muy cansados y mi madre nos dijo: "Yo cuido a los niños y ustedes vayan a la playa a desintoxicarse de tanta tensión y trabajo." Así que a las 6:00 p.m. nos fuimos a Hollywood, a unos veinte minutos de la casa, y caminamos por la playa . . . Luego metimos los pies en el mar . . . Las olas estaban bien fuertes . . . Volteé a mirarlo y vi a mi esposo hablando con alguien por el celular. Me dio mucha tristeza. Creo que si finalmente estamos juntos en la playa, él debería aprovechar el momento para estar y hablar sólo conmigo. Cuando vi a Brian en el celular, me acerqué y le pregunté con quién hablaba. Me respondió que con su padre. "Muy bien," le contesté, pero estaba muy molesta y regresé nuevamente a la playa a colocar mis pies en el mar.

Me di cuenta de que yo tampoco había cambiado mucho, porque esa actitud de mi esposo todavía me molestaba, pero ayer sucedió algo diferente.

En otras oportunidades, me hubiera quedado a su lado y mostrando una cara de rabia; le hubiera dicho lo poco considerado que era al usar el tiempo

Sabemos que Dios hace que todas las cosas cooperen para el bien de quienes lo aman y son llamados según el propósito que él tiene para ellos.

ROMANOS 8:28

reservado para nosotros dos hablando con su padre por teléfono. Esta vez, regresé a la playa, respiré profundo, lo perdoné y decidí disfrutar de mi tiempo a solas con Dios y con el mar. Di gracias a Dios de que puedo hacerlo sin temor porque ¡tengo un gran guardaespaldas conmigo: Brian! Pude cerrar los ojos, cantar, respirar . . . y al voltear el rostro mi marido me tomó una foto. Luego me pidió que fuera a su lado y me mostró lo linda que me veo en traje de baño cuando estoy de espaldas.

Todavía pienso que fue rudo de su parte, pero ¿qué alternativas prefiero? ¿Empezar una conversación en la que al final soy yo la que tengo la razón porque no la voy a dejar de ganar?, o ¿elegir sentarme a su lado y darle un beso?

Al hablar con nuestro esposo, es bueno tener siempre en cuenta que al finalizar el día, ambos tendremos que compartir el mismo lecho. Es mejor permanecer amada que luchar sólo por tener la razón.

Este es un ejemplo de lo que sucede cuando hacemos un "alto en el camino" antes de continuar.

Si Brian no ha cambiado y yo no he cambiado, entonces ¿qué es lo que ha cambiado? Parece exagerado, pero ustedes saben que sí hemos cambiado, aunque, esencialmente, seamos los mismos.

Primero: He aprendido que no tengo el control sobre Brian. He aprendido a respetar su derecho a responder y actuar como él elija hacerlo.

Segundo: He aprendido a no perder la oportunidad de hacer lo que puedo hacer (descansar en la playa, sentir las olas del mar) por tratar de enfocarme en algo que no puedo cambiar (las decisiones de Brian).

Tercero: Pondré mis expectativas en el Señor y no en las personas (esposo, hijos, yo misma, jefe, etc.).

Cuarto: He aprendido a enfrentar la verdad sobre mí misma. Estoy aprendiendo a conocerme. Dios me ha dado la gracia de poder mirarme a mí misma y permitirle trabajar en mí, ya no estoy obsesionada por cambiar a Brian. (Hay que mirarse y examinarse para poder comenzar el cambio.)

Me gustaría que dijeras conmigo: Dios no me ha dado un espíritu de temor. Él me ha dado poder, amor y una mente sana; por lo tanto, no necesito controlar sino confiar que, en su poder y con una mente sana, libre de los tormentos del temor, puedo tomar decisiones sin necesidad de controlar a los que me rodean. Tomo la decisión de meditar y desechar todo pensamiento que amenaza atemorizarme. Me entrego al amor incondicional de Dios, porque sé que su amor por mí es precioso y más profundo que los cielos.

"Tu amor inagotable, oh Señor, es tan inmenso como los cielos; tu fidelidad sobrepasa las nubes. . . . ¡Qué precioso es tu amor inagotable, oh Dios! Todos los seres humanos encuentran refugio a la sombra de tus alas" (Salmos 36:5, 7).

Renunciar a la tendencia de controlar me ha liberado a vivir una vida sin temor, confiando y esperando en el amor de Dios.

Oremos juntas: *Señor, mis expectativas tienen que estar en ti y no en las personas que me rodean o en las circunstancias que se presentan en mi vida. Me entrego a tu amor incondicional e inagotable porque sólo tu fidelidad me puede liberar para vivir una vida sin temor e inseguridades.*

LO INFRUCTUOSO

Aun en los mejores árboles hay ramas que se alimentan ellas mismas, pero no tienen intención de crecer ni de dar fruto. No inviertas en asuntos que se dedican a darse vida a ellos mismos.

Si el propósito es no dar fruto, entonces no necesita estar vivo —hay que cortarlo. Examina la razón por la que estás haciendo las cosas que haces; si la razón no es digna, ya que lo estás haciendo por los motivos equivocados, entonces deja de hacerlo. Necesitamos balance, cortar algunas cosas para poder dar fruto.

Nuestro Padre celestial responderá las oraciones que hacemos con la intención de dar más fruto. Fruto es la evidencia, la expresión visible de lo que está trabajando en nuestras vidas por dentro (en lo invisible). Un lugar donde debemos producir buen fruto es en nuestros hogares. Haz un inventario de tus actividades y pregúntate si hay alguna que deberías cortar, porque aunque aparezca como una actividad piadosa, si no produce fruto, tal vez te esté alejando de tus responsabilidades en el hogar. Dios nos pide que demos mucho fruto; comienza hoy mismo en tu hogar.

Un consejo que recibí y que quiero compartir contigo es: deja que tus hijos sean parte de tu experiencia de recoger fruto en el ministerio y en la vida. Conozco hijos de ministros que se quejan de haber crecido viendo a sus padres invertir largas horas a solas en el estudio de la Palabra de Dios,

La esperanza postergada aflige al corazón, pero un sueño cumplido es un árbol de vida.

PROVERBIOS 13:12

haciendo solos las obras ministeriales y sin involucrarlos, de manera que los hacían sentirse aislados. Este consejo me ha ayudado mucho y es por esto que muchas veces involucro a mis hijos en actividades en las que ellos me pueden hacer compañía y sentirse parte del proceso de dar fruto.

Una ocasión importante para esto es durante la Navidad, cuando estamos eligiendo las organizaciones y las obras a las que vamos a ayudar durante el año, o cuando los invito a participar conmigo en una entrevista de la radio. Uno de los programas de televisión más preciosos que ha producido mucho fruto es el que hicimos con el pastor Alberto Delgado, donde hablamos sobre la adopción de nuestros hijos y ellos participaron al final del programa. Dios nos pide que demos mucho fruto, pero podemos y debemos involucrar a nuestra familia al hacerlo.

Sin embargo, ¿qué sucede si el fruto que vemos en nosotros no es bueno sino más bien amargo? Pues yo creo que a tal árbol hay que revisarle las raíces. Debemos arrancar cualquier raíz de amargura porque ellas envenenan nuestras vidas y no nos permiten dar fruto. Recuerdo cuando vivía de tal manera que las circunstancias de la vida eran mis invitaciones constantes a la amargura y a la ira. Viví así por tanto tiempo que las raíces ya estaban bien profundas. Esto me llevó a la depresión, y aunque la depresión no es un pecado por sí sola, sí llega a ser pecado el hecho de seguir alimentando los sentimientos negativos que nos llevan a la depresión.

No obstante, existen muchas personas que no sufren de depresión clínica, como me sucedió a mí, pero viven sus vidas en constante tristeza y por lo tanto no se dan cuenta de que están en peligro. Jesús dice que él vino a darnos vida abundante. La tristeza constante no es sinónimo de vida abundante, así que haz un inventario de tus días y pon atención si existe gozo en tu corazón, porque el gozo y no la tristeza es el fruto del Espíritu de Dios.

Oremos juntas: *Señor, he aprendido que en la jardinería, se acostumbra colocar dos plantas juntas; esto es porque las raíces se mezclan la una con la otra y mejoran la calidad de la tierra de tal manera que ambas plantas crecen mejor que si estuvieran separadas. Igual, Señor, ayúdame a que mis "raíces" crezcan sanas y sean buenas compañeras para las personas que están cercanas a mí. Ayúdame a dar mucho fruto en el contexto de mis relaciones.*

LA SOSPECHA

Muchas de nosotras llegamos al matrimonio con la emoción de casarnos con aquel Adán del Edén y pensamos que el matrimonio es la llave al paraíso. La realidad es que una se casa con un hombre descendiente de aquel Adán que se perdió en el Edén.

El hecho de que vivimos en un mundo caído y de que todos somos imperfectos nos lleva a decepcionarnos el uno del otro. Nuestro enemigo sabía cuál sería el resultado de seguir sus consejos en el Jardín del Edén, y aún hoy en nuestros hogares, él se disfraza y envía sus mensajes de división y de sospecha entre los cónyuges. Él colocó la sospecha en el corazón de Eva y hoy lo hace en el corazón de cada mujer casada sobre el amor de su marido.

Ser una mujer imperfecta casada con un hombre imperfecto ocasiona conflictos, y debido a que no sabemos cómo resolverlos, sufrimos. Brian y yo pasamos por momentos difíciles en nuestro matrimonio al punto de considerar seriamente el divorcio. Sin embargo, llegó un momento en el que entendí que si quería cambiar mi vida, incluyendo mi matrimonio, tenía que ser yo la que decidiera cambiar. Para lograrlo necesité reflexionar y pedirle ayuda a Dios. Él me mostró algunos comportamientos errados en mi vida; me reveló que la manera en que manejaba las circunstancias no era la mejor y que la actitud con la que me acercaba a mi esposo al enfrentar una circunstancia era incorrecta. Realmente, los patrones de comportamiento que

Estamos seguros de que él nos oye cada vez que le pedimos algo que le agrada; y como sabemos que él nos oye cuando le hacemos nuestras peticiones, también sabemos que nos dará lo que le pedimos.

1 JUAN 5:14-15

usaba me causaban mucho dolor y me hacían confundir la realidad y mis sentimientos. Dios comenzó a cambiar mi corazón. Él te invita hoy a que decidas cambiar. Una de las cosas más importantes que tenemos que cambiar es la manera en que nos comunicamos.

¿Qué cosas podríamos cambiar, por ejemplo, para disfrutar de una buena comunicación en pareja? Quisiera sugerirte que cuando tu cónyuge quiera hablar contigo debes parar lo que estás haciendo, mirarlo y escucharlo, lo que implica en algunos casos apagar el celular, el computador o el televisor y escucharlo como si estuvieras en su lugar. No obstante, para poder hacer esto debemos entender lo que realmente son las palabras. Las palabras me permiten ver o me hacen consciente de lo que está pasando dentro de mi cónyuge. Si lo vemos de esa manera, entonces sí deseamos acrecentar la intimidad, que es una de las metas del matrimonio, a la vez que mantenemos el deseo de estar más cerca de esa persona con la que prometimos estar por el resto de la vida.

Así, cuando él o ella nos hablen, debe ser un asunto importante para nosotros. Escuchar no es sólo evitar las interrupciones mientras la otra persona habla, sino escuchar con atención, y no sólo a sus palabras sino a lo que sus palabras nos manifiestan acerca de esa persona. Esto de aprender a escuchar no es algo que sucede accidentalmente; es algo que se puede aprender. Yo te animo a que adquieras la habilidad de escuchar.

Oremos juntas: *Señor y Dios mío, mis comportamientos errados son el resultado de la sospecha y de la falta de confianza en tus promesas que me hacen confundir la realidad al enfrentar incorrectamente las circunstancias que me rodean. Ayúdame a reflexionar y a escuchar atentamente tus amonestaciones y tus exhortaciones para mi vida.*

LA QUEJA

Hace unos años, Dios me guió a un período de restauración personal que renovó mi relación con él. Me llevó a cambiar mi manera de pensar acerca de Dios, de mí misma y de los demás; por lo tanto, revivió mi relación matrimonial. Quisiera compartir contigo lo que Dios me mostró sobre mi vida mientras trabajaba conmigo para transformarme en una persona nueva:

Falta de gratitud hacia Dios, hacia la vida y hacia mi esposo.

Falta de misericordia: no le daba oportunidad a mi esposo de ser humano y de equivocarse.

Falta de oración: trataba de arreglar las cosas a mi manera y la oración era el último recurso.

Falta de perdón: recordaba todas las ofensas con mucho dolor y con deseos de tomar represalias.

Falta de esperanza: me concentraba y pasaba mucho tiempo sufriendo por el pasado, preocupándome por el futuro y dejando pasar el presente sin generar fruto.

Me di cuenta de que había demasiadas actitudes desacertadas y mucho por hacer, así que decidí cambiar poco a poco con el tiempo. Con la guía del Señor, decidí poner en práctica lo siguiente:

Necesitaba sabiduría, así que comencé a leer un capítulo del libro de Proverbios todos los días. También incorporé un capítulo de Proverbios y cinco de Salmos a mi lectura devocional.

Decidí que en lugar de enfocarme en la queja, levantaría a mi esposo en oración.

Me comprometí a mejorar mis relaciones matrimoniales y a informarme sobre los factores negativos que afectan un matrimonio porque a veces lo que nos hace daño es "lo que no sabemos que no sabemos."

Es por eso que hoy, mi esposo y yo estamos conscientes de que para traer orden a cualquier nación, debemos comenzar por ordenar los hogares de esa nación. Para ordenar el hogar, debemos cultivar primero nuestra vida personal e individual, lo cual comienza con un corazón correcto hacia todas las cosas que nos conciernen, porque somos creados entes responsables que viven en comunidad. Me di cuenta de que para traer paz a mi hogar debía asumir la responsabilidad en todas las áreas de mi vida, incluyendo la espiritual, dependiendo de Dios y no de mí misma para crecer y luego restaurar mis relaciones con mi esposo, mi familia y mi comunidad.

Te invito a que le pidas a Dios que te muestre el camino para resolver cualquier situación por la que estés pasando en estos momentos y que comiences a disfrutar de su buena, agradable y perfecta voluntad.

Oremos juntas: *Señor Jesús, ahora comprendo que fueron las quejas y la falta de agradecimiento lo que ocasionó que toda la generación que salió de Egipto en busca de la Tierra Prometida falleciera en el desierto. Amado Señor, te pido perdón por mi ignorancia y por mi falta de gratitud, y te ruego que me permitas transformarme en una persona nueva llena de amor, de agradecimiento y de gozo. Conviérteme, Señor, en instrumento de tu gracia y bendición.*

LA NECEDAD

Siempre me ha intrigado saber qué estaba pensando exactamente Salomón cuando dijo: "Mejor es ser paciente que poderoso; más vale tener control propio que conquistar una ciudad" (Proverbios 16:32).

Esta profunda declaración de Salomón me ha permitido llegar a esta conclusión: Él nos dice que aquel que decide ser tolerante y resistir es mejor que aquel al que ya le tocó salir a la batalla a defender su postura. Nos dice que es mejor resolver los conflictos pacíficamente para no tener que recurrir a la violencia. Si es así, entonces la paciencia es una virtud para todo hogar. Muchos hogares sufren porque la casa se ha convertido en un campo de batalla. Hay riñas entre hermanos, entre los padres, y cada uno lucha por "tomar su ciudad," lo que en español actual equivale a luchar por "su espacio."

La paciencia nos da la habilidad de perdonar porque no nos apresuramos a condenar. La paciencia nos da la oportunidad de mostrar misericordia y de obtener la victoria. Recuerda, Salomón coloca la paciencia y gobernar nuestro genio como dos de las características de un vencedor.

En la primera carta que Pablo le escribió a la comunidad cristiana en Tesalónica, él los instó a tener paciencia: "Hermanos, les rogamos que amonesten a los perezosos. Alienten a los tímidos. Cuiden con ternura a los débiles. Sean pacientes con todos. Asegúrense de que ninguno pague mal

> *El hijo necio es una calamidad para su padre; una esposa que busca pleitos es tan molesta como una gotera continua.*
>
> PROVERBIOS 19:13

por mal, más bien siempre traten de hacer el bien entre ustedes y a todos los demás" (1 Tesalonicenses 5:14-15).

Amonestar a un holgazán requiere paciencia, sobre todo si el holgazán es nuestro hijo que sólo quiere jugar y no hacer sus deberes. Estimular al agobiado requiere paciencia, sobre todo si el desanimado es nuestro esposo, quien está a cargo de traer el alimento al hogar. Ayudar a los débiles requiere paciencia porque no sabemos cuánto tiempo llevará el fortalecer un área débil; más aún, necesitamos paciencia cuando la debilidad del otro nos afecta.

Hay un consejo de Salomón que valoro y que me llena de esperanza. Él dice que "vale más terminar algo que empezarlo. Vale más la paciencia que el orgullo. Controla tu carácter, porque el enojo es el distintivo de los necios" (Eclesiastés 7:8-9).

Salomón nos alienta a mirar más allá de lo que vemos hoy y a no irritarnos con la falta de madurez que percibimos, sino a llenarnos de esperanza de que al final del camino todo será mejor.

Oremos juntas: *Mi Dios y Salvador, confieso ser una persona necia y egoísta que necesita desesperadamente de tu amor y de tu perdón. Ayúdame a ver más allá de las simples apariencias y a no dejarme ganar por la necedad y por el egoísmo, sino a llenarme de esperanza, de fe y de tu inagotable amor.*

126

EL TEMOR

*Oré al SEÑOR, y él
me respondió; me
libró de todos mis
temores.*

SALMOS 34:4

Lo primero que hay que cambiar es la actitud. Esto es lo más difícil de observar. El corazón se descubre por los hechos que a veces escapan en el comportamiento. Cuando existe algo deficiente en el interior, se siente como las emanaciones del gas. Emanan y se pueden oler, pero no se ven. Sin embargo, si alguien enciende un fósforo, inmediatamente se desatará un infierno y las llamas atraparán a todos los que estén cerca.

Yo me di cuenta de que tenía un grave problema interior cuando finalmente admití que tener el control había sido siempre mi obsesión. Las llamas de mi obsesión estaban quemando mi hogar, pero no quería renunciar a mi deseo de mantener el control de las situaciones. Después de todo, no tener el control implica estar supeditado a otro y a su merced. Siempre encuentro una razón para justificarlo, como por ejemplo: "Soy una mujer responsable," o: "Tengo que pensar en todos los detalles y en todos los posibles escenarios para poder estar preparada, como mujer fiel a su tarea."

No obstante, a decir verdad, mi obsesión por tener el control ha sido, en la mayoría de los casos, una forma de manejar a otros. Hoy, no es que no tenga el deseo de controlar, sino que ahora entiendo que yo no tengo el control, y por más que lo desee, nunca lo tendré. Así que he decidido que no voy a pasar mis días tratando de menoscabar la libertad de otros. Esta actitud realmente me libera para confiar en lo que Dios quiera hacer con mi vida.

Muchas de nosotras recurrimos al control porque tenemos temor de nuestras circunstancias y nos preguntamos cómo será el final de un episodio de nuestra vida. Así que decidimos controlar la situación y a otros lo más que podemos, y hacemos todo esto basadas en el sentimiento de temor. Tal vez tú te has sentido afligida por el temor de morir, el temor de una enfermedad, el miedo a quedarte sin dinero o el temor de quedarte sin tu esposo y sin tus hijos. Hoy, vamos a ponerle fin al tormento que trae este tipo de miedo; vamos a deshacernos de la frustración que trae el deseo de controlarlo todo para que nuestros peores temores no se cumplan y vamos a renunciar al castigo que trae el vivir con temor.

De acuerdo a 1 Juan: "En esa clase de amor no hay temor, porque el amor perfecto expulsa todo temor" (1 Juan 4:18). Esperar el castigo nos puede atormentar. El versículo también nos dice que "el amor perfecto expulsa todo temor." Ser perfeccionados en el amor de Dios aleja el temor de nuestras vidas.

Oremos juntas: *Señor, sólo con tu amor podré arrancar el temor que atormenta mi corazón. Ayúdame a tener presente tus palabras en 1 Juan 4:18: "En esa clase de amor no hay temor, porque el amor perfecto expulsa todo temor," cuando las garras del temor tiendan a amenazar mi alma.*

LA NEGATIVIDAD

Lograr hacer todo lo que Dios nos pide que hagamos en nuestra relación matrimonial es virtualmente imposible para nosotros en nuestra naturaleza humana caída; necesitamos la ayuda de Dios para lograrlo. Esto es, debido a que obedecer los mandamientos de Dios para el matrimonio requiere sacrificio, dolor y depender de Dios para amar al cónyuge con el amor que viene de Dios.

Cuando yo, Rebeca, veo mi relación matrimonial con los ojos naturales, concluyo que debería ser fácil amar a Rebeca, pero veo lo difícil que es amar a Brian. Cuando pienso que Brian me mira y que puede pensar que no estoy a la altura de sus expectativas, eso me hace sentir muy mal. Sé que en algunas ocasiones él ha pensado que "no doy la talla" y eso me ha causado dolor, pero ¿cuántas veces no lo juzgué duramente también cuando él no estuvo a la altura de mis expectativas?

Jesús nos dice: "No puedes convertirte en mi discípulo sin dejar todo lo que posees" (Lucas 14:33). En mi matrimonio, yo poseía algo que no quería soltar y por lo tanto no podía seguir a Cristo en mi vida matrimonial. ¡Quería continuar teniendo "toda la razón"! Para ser una seguidora de Cristo en mi hogar, tuve que dejar de lado mis ansias de ganar siempre y de considerarme como el máximo juez de todo.

Dios nos llama a ser responsables de nuestra propia vida. Esto incluye nuestras decisiones, actitudes y reacciones. De esa manera comenzamos a

Los que encubren sus pecados no prosperarán, pero si los confiesan y los abandonan, recibirán misericordia.

PROVERBIOS 28:13

ver lo difícil que es para otro ser humano decidir amarnos. Esta actitud de responsabilidad nos lleva por un camino donde nos damos cuenta de que requerimos del amor de Dios para poder amar al cónyuge como Dios nos lo pide: siguiendo el ejemplo del prójimo en la parábola del Buen Samaritano.

Mi consejo a la mujer que está reaccionando frente a sus circunstancias con emociones dañinas que la mantienen en un estado de desesperación es: Haz un alto, abandona tu curso y vuelve a empezar de nuevo. Esta es la definición del arrepentimiento. Podemos elegir a consciencia, no tenemos que convertirnos en víctimas de nuestras reacciones negativas al enfrentar las circunstancias de la vida.

Cuando decidimos tomar otro camino, tenemos que pedirle al Espíritu Santo que sea el arquero que guarde el arco de nuestras mentes, ya que sólo porque nos pase un pensamiento por la mente, no quiere decir que (1) es verdad, (2) es bueno, (3) viene de Dios, (4) tienes que hablarlo.

La Biblia habla de renovar la mente porque está llena de pensamientos basados precisamente en los estándares del mundo, nuestra naturaleza caída (pecado) y los deseos carnales: "El mundo sólo ofrece un intenso deseo por el placer físico, un deseo insaciable por todo lo que vemos y el orgullo de nuestros logros y posesiones. Nada de eso proviene del Padre, sino que viene del mundo; y este mundo se acaba junto con todo lo que la gente tanto desea; pero el que hace lo que a Dios le agrada vivirá para siempre" (1 Juan 2:16-17; ver también Romanos 12).

Un cristiano serio que desea agradar a Dios se dedica a renovar su mente. Renovar la mente no es sólo (1) leer la Biblia de tapa a tapa una vez en la vida; (2) ir a la iglesia todos los domingos y escuchar el sermón del pastor.

Renovar la mente es un intercambio espiritual de nuestras ideas con las de Dios. Entrégale a Dios tus ideas y pensamientos referentes a tu esposo, tu papel de esposa y tus expectativas del matrimonio, y tu mente comenzará a cambiar de alimento. Muy pronto, también tu boca, tus manos y tus

ambiarán de dirección. Eso es a lo que Dios nos llama: al arrepenti-
ento. "Ahora pues, arrepiéntanse de sus pecados y vuelvan a Dios para
que sus pecados sean borrados. Entonces, de la presencia del Señor ven-
drán tiempos de refrigerio" (Hechos 3:19-20).

Oremos juntas: *Señor, sé que jamás "daré la talla" porque muchas veces, al igual que Pablo, fracaso en hacer lo bueno y hago lo que no quisiera hacer. Sin embargo, sé también que puedo elegir a consciencia no ser víctima de mis reacciones negativas al enfrentar mis circunstancias y que tú estás siempre a mi lado para animarme y edificarme.*

LA DESLEALTAD

La mayoría de nosotras ha escuchado o leído la historia de los amigos de Job en las Sagradas Escrituras. Ellos obtuvieron una reputación muy mala como amigos porque no mantuvieron una actitud de amor hacia Job cuando su sufrimiento parecía llevarlo a la tumba. Al principio mostraron una actitud muy amigable y altruista: "Cuando tres de los amigos de Job se enteraron de la tragedia que había sufrido, viajaron juntos desde sus respectivos hogares para consolarlo y confortarlo. Sus nombres eran Elifaz, el temanita; Bildad, el suhita y Zofar, el naamatita" (Job 2:11).

Sin embargo, más tarde en la historia, Job dice: "Mis amigos íntimos me detestan; los que yo amaba se han puesto en mi contra" (Job 19:19). Creo que una de las cosas que más separa a los amigos es la falta de amor y de respeto. Debido a la familiaridad, podemos comenzar a ofender traspasando el límite de confianza que se nos ha brindado.

La familiaridad puede degenerar en excesos o en falta de respeto en el trato matrimonial, pudiendo llegar inclusive al insulto si los cónyuges no han aprendido cómo resolver efectivamente los temas conflictivos en la conversación. Debido a que trabajo en la radio y en la televisión, me parece interesante que mientras que los vecinos no se acercan a casa para decir lo que creen que está mal con uno, sí aceptamos que los medios de comunicación ingresen a nuestro hogar y nos den su opinión.

¡Nunca permitas que la lealtad ni la bondad te abandonen! Átalas alrededor de tu cuello como un recordatorio. Escríbelas en lo profundo de tu corazón.

PROVERBIOS 3:3

La gente nos considera sus amigos, y yo estoy consciente de eso cuando estoy produciendo nuestros programas para la radio o la televisión. Sin embargo, es difícil decirle a una amistad todo lo que piensas y mantener el amor y el respeto. Especialmente cuando la otra persona está pasando por un momento difícil, ya que muchas veces no atinamos y podríamos exponernos a ser mal entendidas.

Es interesante señalar que el libro de Job termina con un despliegue de las actitudes que debemos desarrollar hacia las amistades que puedan habernos fallado: "Cuando Job oró por sus amigos, el Señor le restauró su bienestar. Es más, ¡el Señor le dio el doble de lo que antes tenía!" (Job 42:10). La mejor actitud cuando una buena amistad nos ha fallado o se ha expresado de manera cruel es orar por esa persona y perdonarla.

La Biblia nos muestra otras dos actitudes que separan a las amistades: el chisme y la deslealtad.

El chisme parece ser el ingrediente esencial en la trama de todas las novelas de televisión, pero en la vida real, el resultado simplemente supera la ficción. Salomón dice: "El alborotador siembra conflictos; el chisme separa a los mejores amigos" (Proverbios 16:28).

El chisme tiene la característica de que daña la confianza entre amigos. La confianza mutua era el elemento que hacía la amistad con Jonatán tan preciosa para David. Él podía confiarle a Jonatán sus temores y los rumores que escuchaba sobre Saúl porque sabía que se tomarían el tiempo para descubrir juntos la verdad del asunto. David no permitió que los rumores dañaran su amistad con Jonatán, más bien, el dedicarse a descubrir juntos la veracidad de los rumores hizo que se acentuara la lealtad que existía entre ellos.

La deslealtad es otro gran enemigo de la amistad. La Biblia dice: "Un amigo es siempre leal" (Proverbios 17:17) y también dice: "Hay quienes parecen amigos pero se destruyen unos a otros; el amigo verdadero se mantiene más leal que un hermano" (Proverbios 18:24).

A diferencia de Jonatán, Judas no fue un amigo leal. Debemos recordar que los amigos como Judas terminan como Judas, a menos que se arrepientan.

Oremos juntas: *Señor, Proverbios 11:30 nos dice que "la semilla de las buenas acciones se transforma en un árbol de vida; una persona sabia gana amigos." Yo entiendo que una vida sin buenos amigos no es una vida plena porque tú nos creaste para relacionarnos contigo y con los demás. Ayúdame a ser una amiga leal que no atemorice a los demás sino más bien concédeme la sabiduría para ganar muchos amigos.*

Epílogo: Una vida nueva

¡Qué feliz es el que teme al Señor, todo el que sigue sus caminos!
Gozarás del fruto de tu trabajo; ¡qué feliz y próspero serás! Tu esposa
será como una vid fructífera, floreciente en el hogar. Tus hijos serán
como vigorosos retoños de olivo alrededor de tu mesa. Esa es la
bendición del Señor para los que le temen. —Salmos 128:1-4

"Nadie pone vino nuevo en cueros viejos; pues el vino nuevo reventaría los cueros, el vino se derramaría, y los cueros quedarían arruinados" (Lucas 5:37).

En el viaje a la adopción de mis hijos, David y Julia, escribí mis observaciones y mis sentimientos en un blog que mantuve durante más de un año. Estas observaciones fueron de gran ayuda para muchas otras personas que estaban comenzando el camino de la adopción o para aquellas que aún no estaban seguras si debían embarcarse en este tipo de aventura. Con todo, mis escritos ayudaron a muchas personas a identificarse con mis sentimientos, mis preguntas y mis inquietudes, y a escudriñar sus propias razones para querer adoptar. Yo lo veía también como un diario personal y como una manera de expresar mi fe en Dios al mundo que no lo conoce.

Durante ese viaje, Dios avivó mi corazón al mostrarme cuánto ama a los huérfanos de este mundo, de manera que él se autodenomina "el Padre del huérfano." Igualmente, entendí con cuánto amor sacrificó su vida Jesús, porque él ama a cada ser humano y no quiere que ninguno pierda la oportunidad de tener una relación personal y permanente con un Dios que es el Señor de todo lo creado. Además, comprendí de manera concreta y real que Dios me ama a mí. Él me adoptó como su hija de la misma manera en que yo adopté a mis hijos. Fueron muchas las figuras y símiles que encontré en ese viaje, como el hecho de que aunque nacieron en Rusia, adquirieron la ciudadanía estadounidense al pisar tierra en Estados Unidos, por el simple hecho de ser legalmente mis hijos.

A pesar de que en el pasado estaban destituidos de todo por ser huérfanos, una vez que los adopté, mi casa y todo lo mío llegaron a ser instantáneamente de ellos. Mi familia llegó a ser su familia, y entendí mi herencia en Dios. Por medio de esta experiencia aprendí lo que ha llegado a ser el lema de mi vida y la predicación de mi ministerio: en la redención, uno no adquiere una vida mejor sino más bien una vida nueva.

Cuando terminé de escribir todas estas vivencias en uno de mis libros, titulado *El milagro de la adopción: Una historia de amor*, Dios parecía decirme algo interesante: que sería juzgada por mis lectores como una madre desesperada queriendo decirles a mis hijos adoptivos que los amo. Por ser madre adoptiva y amiga de personas adoptadas, conozco muy bien las inseguridades que se anidan en el corazón. Como pequeños insectos queriendo entrar en las habitaciones de tu casa, la duda y el temor amenazan con irrumpir en tu corazón con una de estas dos mentiras: *Tu amor de madre adoptiva no será correspondido por tus hijos* o: *Una madre adoptiva no tiene la misma capacidad de amar que una madre biológica.*

Dios me aseguró que, en cierta forma, las críticas más crueles de mis lectores a este respecto son, indiscutiblemente, muy ciertas. Pero yo no soy la única que escribió un libro para que sus hijos adoptivos puedan leer su historia y comprendan que son amados. Los lectores de las Sagradas Escrituras se darán cuenta de que esta es realmente la historia que Dios escribió a través de hombres, en lo que hoy conocemos como la Biblia. El objetivo de Dios en escribirnos su gran libro es el mismo: decirnos que él nos ama. Dios me recordó el pasaje de 1 Juan 3:1, donde el apóstol Juan nos dice: "Miren con cuánto amor nos ama nuestro Padre que nos llama sus hijos, ¡y esto es lo que somos!". Quise terminar mi libro con este pensamiento porque creo que todo libro cristiano nos debe llevar a querer leer más de las Sagradas Escrituras para encontrar en ellas el amor del Padre y para aprender a vivir como hijas de Dios.

Oremos juntas: *Bendito Padre celestial, gracias por haberme adoptado como tu hija. Es algo tan maravilloso que, muchas veces, sencillamente me resulta muy difícil de entender y, a veces también, de aceptar. Sin embargo,* *cuando reflexiono y medito en la trascendencia de tu amor incondicional para conmigo, mi corazón estalla de gozo y de agradecimiento. Ayúdame a vivir diariamente con esta bendita convicción. Esto lo pedimos en el Nombre precioso e incomparable de Jesús. Amén.*

Notas

1. M. L. Cooper, C. M. Shapiro, and A. M. Powers, "Motivations for Sex and Risky Sexual Behavior Among Adolescents and Young Adults: A Functional Perspective [Motivaciones por el sexo y el comportamiento sexual riesgoso entre adolescentes y adultos jóvenes: Una perspectiva funcional]," *Journal of Personality and Social Psychology* [Revista de la personalidad y la psicología social] 75 (1998): 1528–1558.

2. John Gottman and Robert Levenson, "Why Marriages Fail: Affective and Physiological Patterns in Marital Interaction [Por qué los matrimonios fracasan: Patrones emocionales y fisiológicos en la interacción conyugal]," en *Boundary Areas in Social and Developmental Psychology* [Áreas de límite en la psicología social y evolutiva], ed. John Masters (New York: Academic Press, 1984); se puede contactar a info@gottmanresearch.com

    Ver también: John Gottman, *Why Marriages Succeed or Fail* [Por qué los matrimonios triunfan o fracasan] (New York: Simon & Schuster, 1994).

Índice de las Escrituras

Acerca de la autora

Rebeca Knowles es ingeniera de sistemas y graduada en teología y misiones. Es también una prolífica escritora y cofundadora del ministerio misionero a la familia Reaching Out Network, Inc. (RONI). Sus populares reflexiones *Un minuto con Dios* se transmiten por radio y televisión en toda América Latina. Rebeca y su esposo, Brian, producen el programa de radio y televisión *Matrimonios saludables*. En la actualidad viven en Miramar, Florida, con sus dos hijos, David y Julia, con Carmen, la mamá de Rebeca, y con su perrita, Lola.

Ayuda práctica que te inspira a integrar los cambios que marcarán la diferencia en la salud de tu matrimonio

Disponible agosto 2012

En el Señor siempre hay esperanza para tu matrimonio

MATRIMONIOS SALUDABLES

REBECA KNOWLES

Contiene una guía sobre cómo utilizar el libro en grupos de apoyo para las parejas. En el Señor siempre hay esperanza para tu matrimonio.

EXPERIMENTA EL PODER DE DIOS CADA DÍA

Prepárate para hacer tuyas las confesiones que brotan de un corazón dispuesto a darle lo mejor a Dios.

9780789917653

REBECA KNOWLES

Confesiones
DE UNA **MUJER DESESPERADA**

*Un camino hacia
la esperanza...*

ClubUnilit.com

CP0519